每天都要有快樂的時候——菜根譚教我們的處世 SOP

王溢嘉

愈嚼愈有勁、愈香甜的生命之根

我從少年時代起，就零星讀到一些文辭優美而又含有深意的雋語，譬如：「交友須帶三分俠氣，做人要存一點素心。」「孤雲出岫，去留一無所繫；朗鏡懸空，靜躁兩不相干。」等等，發現它們的出處都是《菜根譚》。

成年後，不免好奇地買一本來瞧瞧。翻閱之後，才知道它是明朝萬曆年間出版的一本格言錄，可說句句珠璣，比西方的《沉思錄》言簡而意深，也比時下的心靈雞湯更能啟迪心智；更難能可貴的是它不只兼容儒、釋、道三種文化基因，還將它們融為一體，成為底蘊深厚而又充滿生機、有為有守而又淡定清閒的人生指南，難怪自問世後的幾百年間，一直暢銷不輟，廣受三教九流各界人士的喜愛。

《菜根譚》的作者洪應明，是個謎樣的人物，從現有資料只知他「字自誠，號還初道人」、

「幼慕紛華，晚棲禪寂」，應該是一個在紅塵中打過滾，飽經風霜，而後看破世情，反璞歸真的有道之士。《菜根譚》可以說是他從人生閱歷中析理出來的智慧結晶，之所以會以「菜根」為名，乃因為菜根原本味道苦澀，但在用鹽醃製、發酵後，去除苦澀，沖掉鹽分，在陽光中晾乾，即成深具嚼勁，愈嚼愈能逼出香氣的美味佳餚。《菜根譚》正是洪應明在咀嚼人生後，用心去其苦澀，讓我們在品嘗後能齒頰留香的好滋味。

我近月來重讀《菜根譚》，覺得它不僅沒有因時代的變遷而出現扞格，反而讓我隨著年歲的增長而有不同的領悟。它就像一個歷久彌新的智慧金庫，不同時代、不同年紀的人都可以從中擷取自己生命需要的養分。有鑑於此，我特別將自己品嘗洪應明的這些老菜根後所體會的新滋味寫成本書，與讀者們分享。我的品嘗或我的書寫，有下面三個要點：

第一，原書有三六〇則雋語，沒有分類，前後也無明顯脈絡；我從中擷取二四〇則，並將它們分為淡雅清閒的喜悅人生、隨緣適性的自然真境、光明自在的活潑心念、破迷除障的紅塵修行、真摯寬容的人我關係、謙讓無愧的處世之道六大類，每類各四〇則，讓大家在閱讀時能有較清晰的結構與脈絡感。

第二，原書是文言文，我除了將它們翻譯為流暢的白話文外，也都在每則後附加一「今滋味」的短文，簡述我在品嘗後聯想到的相關事例、見解或個人感觸，希望能因此而豐富它們的意義，也更適合現代人的口味。

第三，洪應明的說法雖然精闢，但還是有少數是我礙難同意的（這樣才正常）。對此，我除了考慮它們可能的文化與時代因素外，也提出對我更具說服力的當代客觀研究和新觀點，給讀者們做參考。當然，誰說的更有道理或更適合自己，也還請讀者諸君自行領會。

菜根不只愈嚼愈有勁、愈嚼愈香甜，它還有另一個隱義：所有的東西都有它們各自的根，菜有菜根，每個人的人生也都有它的根：一是父母給我們的遺傳基因，一是我們後天形成的各種觀念；前者難以改變，但後者則有賴自己培養。《菜根譚》裡有很多人間修行、待人處世的精闢觀點及做法，若能好好地消化吸收，正可以厚植與壯大自己生命的根柢。

王溢嘉

二〇二一年十一月

目次

輯二　隨緣適性的自然真境

輯三　光明自在的活潑心念

輯四　破迷除障的紅塵修行

輯五　真摯寬容的人我關係

輯六　謙讓無愧的處世之道

輯一

淡雅清閒的喜悅人生

如何度過此生，由你決定

歲月本長，而忙者自促；天地本寬，而鄙者自隘；風花雪月本閒，而勞攘者自冗。

今滋味

歲月本來悠長，是忙碌的人自己讓它變得短暫；天地本來寬闊，是淺薄的人自己讓它變得狹隘；風花雪月本來很悠閒，是勞慮的人自己讓它變成多餘。

有人以為保持忙碌，一天當兩天用，一輩子就變成兩輩子；其實，太過忙碌反而會使壽命變短。悠閒慢活，才能充分品嘗歲月之悠長與樂趣。

台灣很大，世界更是寬闊，但你為什麼一天到晚都在一個小圈子裡兜來轉去？找些時間去看看不一樣的地方、人與事吧！說不定因此得到改變人生的契機。

人生當然不是只供享樂，但更不是只為了工作；適當地風花雪月一下，放鬆與犒賞自己，能讓你工作更有效率、人生更愜意。

生命是自己的，要如何度過此生，由你自己決定。

你可以選擇更高更好的人生

晴空朗月，何處不可翱翔，而飛蛾獨投夜燭；清泉綠草，何物不可飲啄，而鴟鴞偏嗜腐鼠。噫，世之不為飛蛾鴟鴞者，幾何人哉？

今滋味

晴空萬里，明月高照，哪個地方不能任意翱翔？而飛蛾卻偏偏要撲向夜裡的燭火；清泉流水，綠草野果，哪種東西不能飲食？而貓頭鷹卻偏偏愛吃死老鼠。唉！世界上能不像飛蛾、貓頭鷹那樣的人又有幾個呢？

飛蛾獨投夜燭，鴟鴞偏嗜腐鼠，讓人覺得牠們目光如豆、執迷不悟、品味低下。其實，飛蛾和鴟鴞之所以如此，純粹是來自牠們的生物本能，本身並沒有什麼選擇餘地。但具備認知能力，擁有選擇權利，可以海闊天空的人類，如果像飛蛾和鴟鴞一樣，一味地往死裡撲、朝臭裡鑽，不想回頭，不知道自己還有更多、更好的機會與可能，那真的就比這些動物還悲哀了！

美景無限，你卻被名利纏縛

世人為榮利纏縛，動曰塵世苦海。不知雲白山青，川行石立，花迎鳥笑，谷答樵謳。世亦不塵，海亦不苦，彼自塵苦其心爾。

今滋味

世人被名利纏繞束縛，動不動就說「塵世是個苦海」。卻不知道白雲映照青山，流水不斷、澗石林立，鮮花伴著鳥兒歡唱，山谷回應樵夫的歌聲，都是人間勝景。世界一點也不俗，人生一點也不苦，那些說「塵世是個苦海」的人，只不過是自己的心被束縛而自討苦吃罷了。

蘇東坡：「惟江上之清風，與山間之明月，耳得之而為聲，目遇之而成色，取之無禁，用之不竭。是造物者之無盡藏也，而吾與子之所共適。」天地間美景無限，但你必須有眼光、有心情、有時間去欣賞、嬉遊。如果你的眼光、心情和時間都被名利與瑣事束縛，那也只能怪自己為什麼要把人間變成苦海與惡地？

要為不虛度此生及早謀畫

天地有萬古，此身不再得；人生只百年，此日最易過。幸生其間者，不可不知有生之樂，亦不可不懷虛生之憂。

今滋味

天地萬古長存，而生命只有一次。人生最多活百年，與天地相比只是一瞬間。有幸生在世間，不可不知活著的樂趣，也不可不對虛度此生心懷擔憂。

「人生只百年」，似乎有些短，可嘆的是絕大多數人還沒活到一百歲，早就在半途殞落。但智者有言：「重要的不是生命的長度，而是生命的深度和廣度。」生命的長度也許不是我們能決定的，但生命的廣度和深度卻可以靠自己去經營。生年不滿百，卻「常懷千歲憂」，這又憂慮過了頭；但憂慮恐「虛度此生」則是明智的，對於自己這唯一可見的人生，還是要及早做些規劃、未雨綢繆；因為我們總是老得太快，卻聰明得太晚。

人生要愜意，心態很重要

有浮雲富貴之風，而不必巖棲穴處；無膏肓泉石之癖，而常自醉酒耽詩。

今滋味

能有視富貴如浮雲的風範，又何必到深山嚴穴中隱居？沒有耽溺於山光水色的癖好，獨自喝酒吟詩，也能經常有悠然自得的樂趣。

俗語說：「小隱隱於野，中隱隱於市，大隱隱於朝。」悠然自在的生活並不一定要到深山嚴穴、林泉野地才能體會，心靈淨土只存在於自己的心中，只要有一顆寧靜自得的心，那不管身在哪裡、做什麼事，都能讓人悠然自在。

而所謂「泉石膏肓，烟霞痼疾」，耽溺於煙霞泉石、想天天與之為伍的癖好，看似高雅，其實是像病入膏肓、無藥可醫的痼疾，令人感到頭痛與為難，還不如在窮街陋巷或明窗淨几前，自個兒飲酒賦詩，來得適心愜意。

每天都要有快樂的時候

疾風怒雨，禽鳥戚戚；霽日光風，草木欣欣。可見天地不可一日無和氣，人心不可一日無喜神。

今滋味

在狂風暴雨的時候，飛鳥即會驚惶不安；在風和日麗的時候，草木也跟著欣欣向榮。可見天地間不能一天沒有和煦的氣氛，而人也不可以一天沒有快樂的心情。

最後一句的意思並非要人每天從早到晚都保持快樂的心情，而是每天儘管會遇到很多人和事，而產生各種不同的情緒，但不管多麼憤怒、悲傷或消沉，多麼快樂不起來，都還是要挪出時間，找個地方或和朋友做一些愉快的事，讓自己歡樂一下，用以調劑自己的身心。如果每天擁有快樂的次數愈多、時間愈長，就能幫助你恢復愈多的活力。

心靜身閒，看透榮辱是非

此身常放在閒處，榮辱得失誰能差遣我？此心常安在靜中，是非利害誰能瞞昧我？

今滋味

如果能經常將自身放在清閒的地方，那麼世間的榮辱得失豈能左右得了我？如果能經常把心思放在安靜的處所，那麼人間的是非利害又怎能矇騙得了我？

唯有靜止的水面才能如實反映萬物，也唯有清靜的心靈才能對外界的人與事有適當的認知，而不會被我們的情緒或成見所扭曲。王維有一首詩，其中兩句是：「人閒桂花落，夜靜春山空。」清閒、安靜的情境與心境，不只能讓我們聽見桂花落地的聲音，而且能放空一切的榮辱得失。而在心靈常保清閒、安靜的情況下，就像王籍的另兩句詩：「蟬噪林逾靜，鳥鳴山更幽。」外在的是非利害不僅不再騷擾我，反而能使我更閒靜地看透它們。

真味只是淡，至人只是常

醲肥辛甘非真味，真味只是淡；神奇卓異非至人，至人只是常。

今滋味

濃酒、美食、辣味、甜品都不是真正的滋味，真正的滋味只是「淡」。擁有神奇特異才能的人也不是最高超的人，最高超者的生活只是「平常」。

大陸朋友來台，請他吃飯，久了才透露，不要再請他吃江浙菜或台菜了，因為他在北京吃慣了重口味的川菜，對味道偏淡的的江浙菜和台菜，實在品嘗不出什麼滋味。這讓我想起老子說的「五味令人口爽」，但吃得過重過量，反而讓味覺痲痺，無法再分辨、享受其他較清淡的美味。所以，除了飲食外，在平日還是盡量過清淡的生活，偶而品嘗一下較重的口味，這樣才是理想的攝生之道。

「平常心是道。」能安安心心過著平平淡淡的生活，就是在身體力行至道、最高超的人，因為平常就是最難以持續的境界。

對忙與閒
做適當的比例安排

人生太閒，則別念竊生；太忙，則真性不見。故士君子不可不抱身心之憂，亦不可不耽風月之趣。

人的生活太過悠閒就會暗地裡產生雜念，過於忙碌就會蒙蔽了純真本性。所以君子不可不抱持對身心健康的憂慮，也不可不懂得吟風弄月的樂趣。

今滋味

人生之所以讓人覺得豐饒，正因為它有樂也有苦、有忙也有閒、有紅也有綠、有憂也有歡、有繁也有簡、有黑也有白、有快也有慢。在兩極對比中，太過強調某一種人生，其實都是偏頗而又無趣的；真正豐饒、活潑、有味的人生則在對樂與苦、忙與閒、紅與綠、憂與歡、繁與簡、黑與白、快與慢的比例與順序間做一種最能符合自己心意的適當安排或調整。

不在天長地久，而在曾經擁有

今滋味

樹木至歸根，而後知華萼枝葉之徒榮；人事至蓋棺，而後知子女玉帛之無益。

樹木到了落葉歸根化為腐土，才會曉得以前的枝葉茂盛、花朵鮮豔，只不過是徒勞的榮華；人也一直到死後進入棺材，才會知道子女錢財的毫無用處。

雖然明知人的一生到頭來，一切都將歸於空無，而只能讓人發出徒勞無益的喟嘆，但就像善能禪師所說：「不可以一朝風月，昧卻萬古長空；不可以萬古長空，不明一朝風月。」跟萬古長空相較，我們的生命不過是「剎那生滅」，但即使非常短暫，畢竟也有一番「風花雪月」。而且正因為只有「一朝」，所以才顯得更迷人，更加值得珍惜。換句話說，縱然生命到最後只是一場空，但重要的是過程，生命的價值不在天長地久，而在曾經擁有；即使是一場空，也要空得很光采、有意義。

不求精美，但求能品味真趣

茶不求精而壺亦不燥，酒不求洌而樽亦不空，素琴無弦而常調，短笛無腔而自適。縱難超越羲皇，亦可匹儔嵇阮。

今滋味

喝茶無須講究名茶，只要茶壺不乾即可；飲酒也不必名酒，只要酒杯不空就好。無弦琴雖奏不出樂曲，卻可調劑我的身心；無孔笛雖吹不出曲調，卻能讓我舒暢自得。如果能這樣的話，即使不能超越伏羲和黃帝（三皇五帝），也可以媲美嵇康與阮籍（竹林七賢）了。

日常生活中的口腹眼耳之欲需要得到適當的滿足，才能讓人感覺活得有滋味，但重點不在講究東西的名貴與高雅，而是要能從中獲得人生真正的趣味。想要得到真正的趣味，和什麼人、又在什麼樣的情境中一起品嘗共享，恐怕要比那些茶酒琴笛是否名貴來得重要。

尋常生活才是真正的安樂窩

有一樂境界，就有一不樂的相對待；
有一好光景，就有一不好的相乘除。
只有尋常家飯，素位風光，才是個安樂的窩巢。

今滋味

有一個快樂的境界，就會有一個不快樂的境界在對應它；有一個美好的光景，就會有一個不好的光景來抵銷它。只有普通的家常便飯，安於本分的生活光景，才是真正的安樂窩。

這個觀點讓我想起「自然主義之父」盧梭在《懺悔錄》所說：他當初如果不離開家鄉，像父親一樣做個普通的鐘錶匠以終；或者在他流浪的某個時候安定下來，做個地籍調查員，而不要到巴黎去，成為受人崇拜的英雄，那他的人生可能會比較幸福。因為他發現大多數歡樂的背後都隱含了不安和痛苦，繼聲名而來的則是各種惡意的攻訐和猜忌，他只是變得比較「複雜」而已，並沒有變得比較「幸福」。

以簡馭繁，從有限領略無限

會得個中趣，五湖之煙月盡入寸裡；破得眼前機，千古之英雄盡歸掌握。

今滋味

能夠領會天地間所蘊含的機趣，那麼五湖四海的雲煙都可以蘊含在我心中；能識得破眼前的機用，那麼古今的英雄豪傑都可以由我掌握。

英國詩人布萊克有一首詩：「從一粒沙看到整個世界／從一朵花看到一個天堂／無限掌握在我的手掌心／剎那即是永恆。」這跟佛家的偈語：「嘗海一滴，知百川味。」有異曲同工之妙，都是從「一」裡領悟「一切」的修為。

個人的人生有限，我們不能在有限的時光裡經驗一切，而只能從有限的經驗和閱讀裡，去領會或析離出其他類似事物也蘊含的共同道理，也就是從「殊相」裡找到「共相」，掌握其中的奧義，然後才能化繁為簡，或以簡馭繁，從有限人生裡體會無限的趣味。

享樂與工作，都要適可而止

笙歌正濃處，便自拂衣長往，羨達人撒手懸崖；更漏已殘時，猶然夜行不休，笑俗士沉身苦海。

今滋味

當歌舞正精采的時候，能夠拂衣離去，這種懸崖勒馬、猛然回頭的豁達，真是讓人羨慕；天都快亮了，卻仍在忙著趕夜路，這種身陷苦海卻渾然不知的俗人，真是讓人覺得可笑。

不管是享樂或工作，都要適可而止，為自己預設一個停止點，到了某個時間或進行到某個程度，就立刻毫不遲疑、不再留戀地終止離開，休息或改做其他活動。這是一種時間管理，更是自我管理；管理得當，不僅能讓你在一天裡從事更多不同的活動，而且工作得更有效率，也能更盡情地享樂。

善用生活各層面的減法

人生減省一分，便超脫一分，如交遊減，便免紛擾；言語減，便寡愆尤；思慮減，則精神不耗；聰明減，則混沌可完。彼不求日減而求日增者，真桎梏此生哉！

生活在世間，事情能減少一分，精神就能超脫一分。減少社交應酬，就能減免紛爭困擾；話說得少一些，說錯話帶來的麻煩也就少一些；減少各種思慮，就不會消耗太多精神；收斂一分聰明才智，就能保全一分天真自然。現在的人每天不求事情少，反而渴望事情愈多愈好，活像戴著手銬腳鐐，在不自由中度過此生。

今滋味

王陽明說：「吾輩用力，只求日減，不求日增。」這種說法很可能是受到老子與禪宗的影響。但所謂「減」，並不是一切都「減」，老子雖然說「為道日損」，但也說「為學日益」，對生活所需的知識和技能，我們要多所學習和增加。所以，人生什麼項目該用「減法」，什麼項目又該用「加法」，大家最好自己心裡有個底。

人世短暫而渺小，有何可爭？

石火光中爭長競短，幾何光陰？
蝸牛角上較雌論雄，許大世界？

在電光石火般的短暫人生中爭長競短，能有多少光陰可用？在蝸牛角般的狹小空間爭雄論雌，能有多大世界可爭？

今滋味

「石火光中」典出白居易〈對酒詩〉，燧石相互撞擊所發出的一閃即逝的火光，用來比喻人生的瞬息即逝，在這麼短的時間裡，有什麼好競爭的呢？「蝸牛角上」典出《莊子．則陽篇》，分處蝸牛兩個角上的兩個國家為了小事而打得天昏地暗，比喻在這麼小的世界裡有什麼好較量的呢？

洪應明藉佛家與道家的這兩個故事提醒世人，在廣敖的大千世界裡，我們的人生猶如泡沫般短暫與渺小，與其跟人家爭得頭破血流，不如好好珍惜自我。

少一點物欲，多一些雅事

心無物欲，即是秋空霽海；坐有琴書，便成石室丹丘。

心中如果沒有物欲，心境就能像秋天的碧空、寧靜的大海般安適；日常起居有琴棋詩書相伴，也就無異於神仙的居所。

今滋味

理想的生活來自內在與外在的兩個要件：內在條件是心中沒有太多物質的欲望，這樣你就比較容易得到滿足，而更經常有愉快的感覺。外在條件是居家要有琴棋書畫等優雅的布置或配備，最好還能有得趣的友人三不五時來相聚，那麼日常生活裡就能憑添很多樂事。

要做到這兩點，對你我來說，其實都不是什麼困難的事，關鍵在於你有沒有那個心，願不願意將它付諸行動。

從小地方發現大情趣

得趣不在多，盆池拳石間，煙霞俱足；會景不在遠，蓬窗竹屋下，風月自賒。

想要得到生活的情趣，無需擁有太多。即使在盆子般的小水池和拳頭似的小石頭間，都具備了煙霞繚繞的意境；想要欣賞美麗的風景，也不必去遙遠的地方，即使在簡陋的草窗竹屋下，自然有清風明月與我們常相伴。

今滋味

塵世間充滿各種神奇美好的事物，正耐心等待我們的知覺變得更敏銳。

達文西從牆角的汙漬裡看到美麗的山水與戰爭的場面；梭羅從蚊子的嗡嗡聲裡聽到荷馬的哀思，覺得那是蚊子中的《奧德賽》，在他耳邊吟唱牠的憤怒與漂泊。

不要怪這個世界太沉悶無趣，要怪也只能怪你沒有詩人或藝術家般敏銳的知覺和想像力。只要發揮一點想像力，從不起眼的小地方就可以發現生活的大情趣。

將平淡視為喜悅的人生觀

悠長之趣，不得於釀醲，而得於啜菽飲水；惆恨之懷，不生於枯寂，而生於品竹調絲。固知濃處味常短，淡中趣獨真也。

今滋味

能維持久遠的趣味，並不是從美酒佳釀中得來，而是來自粗茶淡飯；哀傷惆悵的情懷，並非來自無聊寂寞，而是產生於聲色的歡樂中。由此可見從美食聲色中獲得的趣味經常很短，從粗茶淡飯中獲得的趣味才顯得真實。

在人生中，甜蜜而美妙的時刻總是非常短暫，其他大部分的時間都是平淡而無趣的；有人因此認為，要把那些平淡日子當作美妙時刻的準備或醞釀階段，這樣才較能忍受。但其實，一個人要經常覺得快樂與滿足，卻必須對那些平淡日子裡所做的平淡事情感到喜悅，因為那才是每個人大部分的人生。這種能將平淡視為喜悅的人生哲學，才是我們真正需要的。

快心之事，五分才無殃悔

爽口之味，皆爛腸腐骨之藥，五分便無殃；快心之事，悉敗身喪德之媒，五分便無悔。

美味可口的山珍海味，都是傷害腸胃腐蝕筋骨的毒藥，但只要控制吃個五分飽，就不會帶來災厄；世間所有讓人稱心如意的美事，都是誘人走向身敗名裂的媒介，但凡事只求五分滿意，就不會造成事後的懊悔。

今滋味

這個「五分」，看似理想的中庸之道，但不管是「五分」或「七分」，都只是一種文學式的描述或主觀感覺。凡事有利就有弊、有樂就有苦，如果只想得利而不想有弊、只要快樂而不要痛苦，其實也只是一種偏頗、難以實現的夢想。一個明智而可行的辦法是我們要根據自己的情況，因時因地，對各種美事與樂事做適當的比例安排、適可而止，才能在享受樂與美的同時，將弊與苦降到最低。

花未全開月未圓，意境更優雅

花看半開，酒飲微醉，此中大有佳趣。若至爛熳酕醄，便成惡境矣。履盈滿者，宜思之。

看花要看它迎風半開的模樣，喝酒在喝到略帶醉意的程度，這時候最能享受箇中的美好趣味。如果等到花開得絢爛或喝得酩酊大醉，那就成了窘惡的境地。事業已經到顛峰階段的人，最好能多想想其中的道理。

今滋味

「花未全開月未圓」，據說是曾國藩的座右銘，因為它們能讓人有所期待，有所憧憬。月圓則虧，好花盛開後，接下來就是枯萎；曾國藩將他的書房取名為「求缺齋」，並非刻意要去追求殘缺，而是不必以追求圓滿為人生的最高境界，如能安於有所欠缺、有所不足，才是更理想、更優雅與更值得欣賞的人生境界。

凡事做到十足，接下來只有衰危

爵位不宜太盛，太盛則危；
能事不宜盡畢，盡畢則衰；
行誼不宜過高，過高則謗興而毀來。

今滋味

一個人的官位爵祿不可以太高，太高就會使自己面臨危險；一個人的才幹不宜一下子全部發揮出來，發揮殆盡後就會開始走下坡；一個人的品行也不宜顯得太高，太高就會遭來毀謗和中傷。

在傳統的二十四節氣裡，有小暑就有大暑，有小雪就有大雪，有小寒就有大寒，唯獨小滿卻缺了大滿；這其實在反映古人的一種生命智慧。不管是對己、對人或對事，能有小小的滿意就好，要懂得適可而止、留有餘地，才是愜意、自在、有容、對未來還能充滿期待的人生。想要有十足、大大、到了頭的滿意，接下來必然只有衰敗、危險和悔恨。

有詩意與禪味的真生活

一字不識而有詩意者，得詩家真趣；一偈不參而有禪味者，悟禪教玄機。

不識字但說起話來卻有詩意的人，可說是已得到詩人作詩的真正趣味；不曾參過禪偈但說起話來卻有禪機的人，可說是已領悟了禪宗教義的高深哲理。

今滋味

有些詩人寫的詩超凡脫俗、意境高雅，但在現實生活裡卻滿口髒話、借錢不還，活像個痞子；有的人雖不會寫詩，但整個人和他的生活看起來就像一首詩，我想這才是更令人讚歎的真詩人。

禪宗六祖惠能沒讀過書，原是個一字不識的樵夫，但卻吸收、消化平日所聽聞的佛經，自行領悟、思考出一套高深的禪理，不只成為佛學與禪宗大師，而且是中國少數傑出的思想家，勝過飽讀經書的學究千百萬倍。人生，重要的是要懂得生活、懂得自己思考。

休閒娛樂不要有太多存心

釣水，逸事也，尚持生殺之柄；弈棋，清戲也，且動戰爭之心。可見喜事不如省事之為適，多能不若無能之全真。

釣魚本是清閒的活動，但卻含有生殺的權力；下棋本是高雅的遊戲，但卻含有勝敗的鬥爭心理。由此可見多事不如無事來的舒適自在，多才不如無才能保全純真的本性。

今滋味

喜事不如省事，多能不若無能，似乎有點消極。我個人以為釣魚和下棋都是優雅的休閒娛樂，只要不是心存得失與競爭的念頭，順勢而為，其實也無可厚非。如果能把上鉤的魚兒都又放回去（或放一些回去），下棋時能期待品嘗輸棋的滋味，那恐怕也是對身心的另一種調劑，比什麼事都不做、什麼都不會，應該更有意義。

內心快樂最真，患得患失最苦

人知名位為樂，不知無名無位之樂為最真；人知飢寒為憂，不知不飢不寒之憂為更甚。

今滋味

世人只知道名譽和地位帶來的快樂，卻不了解沒有名譽和地位的快樂才是真正的快樂；世人只知道挨餓受凍是人生的一大憂慮，卻不了解為求不挨餓受凍而患得患失的憂慮才是更大的痛苦。

莊子說：「至樂無樂。」最大的快樂並非「沒有快樂」，而是「沒有快樂的事」；因為快樂並不是「身外之物」，不是存在於外在的名譽、地位或人、事、物上頭，而是內心的一種感覺。只要有一顆快樂的心，那麼即使是尋常事物，也會讓人覺得快樂無比，那才是真正的快樂。在能自得其樂後，就可減少很多不必要的憂慮，特別是因為對患得患失的憂慮所帶來的痛苦。

換個角度看人生的苦與樂

世人以心肯處為樂，卻被樂心引在苦處；達士以心拂處為樂，終為苦心換得樂來。

世人認為能滿足心願就是快樂，卻經常被想要快樂的心願牽引到痛苦中；豁達的人能將忍受各種橫逆視為快樂，最後終於用苦心換來真正的快樂。

今滋味

每個人都想有幸福快樂的人生，但生命的一個弔詭是：很多人為了得到想望中的幸福快樂，結果卻經歷了真實的痛苦和災難。也許，快樂與痛苦、幸福與災難是相生相成的，今天的快樂將導致明天的痛苦；而今天的苦楚則能換來明天的甘美。了解這種苦盡甘來、物極必反、樂極生悲、禍福相倚的道理後，讓我們能在快樂時保持警覺，在痛苦中保存希望。

對貧富與才能的豁達觀點

奢者富而不足，何如儉者貧而有餘；能者勞而府怨，何如拙者逸而全真。

豪奢的人財富再多也感到不夠，哪比得上節儉的人雖然貧窮卻能有餘呢？有能力的人終日辛勞卻招致怨恨，哪比得上拙愚的人安閒無事而能保全本性呢？

今滋味

生活奢侈的人，再多的金錢也還是覺得不夠，這不只是「欲壑難填」而已，而是他們想以金錢和奢侈品來填補因缺乏愛與意義所產生的心靈空虛，但不是真正的需要，就不會有真正的滿足；反倒不如節儉持家、充滿溫馨親情的家庭來得快樂。

個人能力很強固然值得肯定，但如果因此而認為別人都無法做得比自己好而事必躬親，那不只自己會因而過度辛勞，還可能引起其他人的抱怨和不滿（把別人都當成了笨蛋）；倒不如懂得藏拙者來得輕鬆自在。

知足者常樂，善用者生機

今滋味

都來眼前事，知足者仙境，不知足者凡境；總出世上因，善用者生機，不善用者殺機。

對來到眼前的事物，知道滿足的人會覺得都是神仙境界，不知道滿足的人卻認為只是凡庸境界；總結出人世間的因果，善於運用的人處處充滿生機，不善於運用的人則處處充滿危機。

苦與樂、貧與富看似有一些客觀的衡量，其實，主要還是來自個人主觀的感受。就像古人所說：「知足者常樂。」或「知足者雖貧亦富，不知足者雖富亦貧。」換個想法比換個做法，會讓你更容易滿足，得到快樂。

世事雖然有些複雜，但總有個頭緒，遇到事情不要急忙地一頭鑽進去，先冷靜地了解來龍去脈，評估可能的後果，要洞燭先機，善加運用，才是明智的做法。

成敗與生死，終歸是一場夢

知成之必敗，則求成之心不必太堅；知生之必死，則保生之道不必過勞。

知道成功過後必然衰敗，那麼渴望成功的心念就沒有必要太過堅持；知道生存過後必然死亡，那麼保養生命的方法也沒有必要太過操勞。

今滋味

每年六月底到七月初，在英國都要舉行世界上歷史最悠久、也是獎金最誘人的網球賽事：溫布頓網球錦標賽。每個參賽者無不摩拳擦掌、全力以赴，希望能贏得勝利、名利雙收。在每個參賽選手必須經過的中央球場入口大門上刻著一行字，那是吉卜林的一句詩：「你是否能在失敗之後擁抱勝利，並認識到二者皆為虛妄？」雖然獎金誘人，但在認識到勝與敗就像生與死，終歸是一場虛幻的夢境後，那麼在夢中的一切努力，都會變得較為輕鬆而愉快。

人生應該切忌的兩種情況

居盈滿者，如水之將溢未溢，切忌再加一滴；處危急者，如木之將折未折，切忌再加一搦。

今滋味

處在豐盈完滿的狀態中，就好像貯水將要漫溢但還未溢出，切記不要再增加一滴水；處在危險急迫的環境中，就好像樹木將要折斷但還未折斷，切記不要再施加一點壓力。

這讓人想起老子所說的：「持而盈之，不如其已；揣而銳之，不可長保。」意思是讓水或東西累積到滿溢出來，不如及時停止；千錘百煉所產生的銳利，也無法長久保持，終會變鈍。不管是正面或負面的壓力，都無法長久支撐，終有崩潰之時。所以，人生在世，不管是喜樂或悲痛，都要適可而止，不能過度。

讓眼前與身後兩全其美

面前的田地要放得寬，使人無不平之嘆；身後的惠澤要流得久，使人有不匱之思。

今滋味

對眼前的利害得失，要心胸寬厚，樂與人為善，讓周遭的人不會發出不平的牢騷；在身後留給後世的恩澤則要流得長長久久，才能讓後人不斷地思念。

這段話可以說是在反映一種「思前想後」的動態思維。人生不斷在移動中，我們不能只考慮現在，還需前瞻與後顧；要前後兼顧，不能顧此失彼，才算比較周全。天下沒有十全十美的事，如果花太多給眼前人，那麼留給身後人的就可能減少；想留給身後人多些，又可能對不起眼前人；如何讓「眼前」與「身後」兩全其美，考驗每個人的智慧。

保已成之業，防將來之非

今滋味

圖未就之功，不如保已成之業；悔既往之失，不如防將來之非。

與其謀劃無法確定的功業，不如保有已經完成的事業；與其懊悔以往的過失，不如預防將來可能犯的錯誤。

我覺得前面那段話有「二鳥在林，不如一鳥在手」的意思，比較適合進入人生後半場的人，對於未來當然還需要有夢想、為夢想而努力；但卻不可因此而失去在前半場打拚所累積的成果。

後面那段話則讓我想起《論語》裡所說的：「往者不可諫，來者猶可追。」對還處於人生前半場的人特別有意義，人生還很漫長，與其耽溺於追悔過去，不如提醒自己將來絕不能再犯類似的過錯。

要能逆來順受，居安思危

天之機緘不可測。抑而伸，伸而抑，皆是播弄英雄，顛倒豪傑處。君子是逆來順受，居安思危，天亦無所用其技倆矣。

上天的氣機變化不可預測。有時讓人飽受挫折後轉為春風得意，有時又讓人在春風得意後飽受挫折，這些都是上天有意捉弄英雄、顛倒豪傑的戲碼。有才德的君子如果能逆來順受、居安思危，那上天也就無法施展他捉弄人的伎倆了。

今滋味

「時運不濟，命途多舛。」是很多胸懷大志者的悲嘆，但與其說這是造化在「捉弄」英雄豪傑，不如說是上天在「考驗」他們。志得意滿時，要「花繁柳密處撥得開」；艱苦困頓時，要「風狂雨急時立得定」，那才是真英雄豪傑。逆來順送、居安思危固然是君子之風，但如果能像貝多芬那樣：「當命運之神來敲門時，我必須掐住它的咽喉，絕不讓命運之神擊倒我！」那就更顯豪氣。

寧居無不居有，寧處缺不處完

攲器以滿覆，撲滿以空全。
故君子寧居無不居有，寧處缺不處完。

攲器因為裝滿了水而傾覆，撲滿因為空無一文才得以保全。所以君子寧願處於無為而不處於有為，寧可生活欠缺些而不求完滿。

今滋味

「月盈則虧，水滿則溢」與「滿招損，謙受益」等說法，都在強調與其追求「盈滿」，不如安於「虧缺」。其實，盈與虧、全與缺，就跟老子所說的有與無類似，都是彼此「相生」的，盈會轉為虧，而虧又逐漸積累成盈，但世人卻多渴望盈、全與有，老子則提醒我們「鑿戶牖以為室，當其無，有室之用。故有之以為利，無之以為用。」房屋真正在發揮作用（供人活動）的是「無」（空間），而不是「有」（牆壁）；所以，一個明智的人在思考人生時，應該把重點從盈、全與有，轉移到虧、缺與無上頭。

比較不同人生後的領悟

居卑而後知登高之為危，處晦而後知向明之太露；守靜而後知好動之過勞，養默而後知多言之為躁。

置身卑下處才會知道攀登高位的危險，站在陰暗處才會知道光亮的地方太顯露，保持寧靜才知道喜歡活動的人太辛苦，安於沉默才知道話說多了很浮躁。

今滋味

這應該是由高轉卑、從明入晦、由動轉靜、從言變默之後，經由比較所產生的感觸。說得雖然有道理，但換個說法：「居卑而後知登高之遼闊，處晦而後知向明之光朗，守靜而後知好動之實效，養默而後知多言之誠懇。」其實也同樣有道理。會喜歡或相信哪種說法，多少和個人心態有關。要相信什麼，也許該自問你想要的是什麼樣的人生與相應的心態。

淡泊悠閒雖好，也無需否定從前

今滋味

從冷視熱，然後知熱處之奔馳無益；從冗入閒，然後覺閒中之滋味最長。

一個人在退出名利場後，再冷眼旁觀那些熱衷於名利的人，才曉得在名利場中的奔波勞碌毫無意義；一個人在從忙碌不堪中抽身回到閒適的環境後，才發覺悠閒生活的滋味最是悠長。

這段話在反映洪應明一貫的立場：淡泊名利、清淨悠閒的生活才是理想的人生。其實，每個人的理想不一樣，甚至同一個人在人生不同階段的理想也有別；這段話所說的應該是一個人從忙碌的名利場中退下來的感觸，但為了強調淡泊與悠閒生活的好，卻把以前在「熱處之奔馳」說成「無益」，這等於是在否定自己以前的那段人生，我覺得這不是什麼健康而開闊的態度。在「熱處之奔馳」同樣有它的好與貢獻，我們還是應該給予適當的肯定與珍惜。

在世而超世、可欲可不欲

真空不空，執相非真，破相亦非真，問世尊如何發付？
在世出世，徇欲是苦，絕欲亦是苦，聽吾儕善自修持。

真空不是空無，執著形象不是真如，破除形象也不是真如。請問佛陀這要如何解釋？置身塵世又想超脫塵世，遵循欲望是痛苦，斷絕欲望也是痛苦，就聽憑我們各自去修行吧！

今滋味

佛家說，「色」指的是萬物的形相，因諸種因緣而顯現，本無實體，所以本質是「空」；但形相與本質相互依存，所有的色莫不是空，而空也就是色，因此色空不二、真空不空。執著於形相（偏有）或破除形相（偏空），都違背了真理。更高的境界是不偏有也不偏空，真空妙有、在世而超世、可欲可不欲，該遵循欲望的時候就遵循，該斷絕欲望的時候就斷絕，這才是更大的超越與自在。

做人擺脫俗情，為學減除物累

作人無甚高遠事業，擺脫得俗情，便入名流；為學無甚增益工夫，減除得物累，便超聖境。

今滋味

做人沒有什麼高深遠大的事業，能擺脫世俗情感就能躋身名士之流；治學也沒有什麼增進補益的功夫，能減除外物拖累就能到達超凡入聖的境界。

東西方的宗教和聖哲都認為，所謂「求道」主要是一種內在的追尋與修為，首先是要將各種欲望減至最低，去除貪婪、自大、虛偽、矯情等人性的弊病，每天減少一些，一直減損到如嬰兒般的純真狀態，心中乾乾淨淨，不再有什麼私欲與雜念，也就是老子所說的「為道日損，損之又損，以至於無為」。然後再去從事自覺有意義的追尋，或什麼也不必追尋，就能臻於神聖的境地。

在哀樂中破塵情、臻聖境

羈鎖於物欲，覺吾生之可哀；夷猶於性真，覺吾生之可樂。知其可哀，則塵情立破；知其可樂，則聖境自臻。

如果終日被物欲綑綁困擾，就會覺得自己的人生很悲哀；如果能在純真的本性中自在悠游，就會覺得自己的人生很快樂。能明白受物欲困擾的悲哀，就可破除世俗的情懷；能了解悠遊於真摯本性的歡樂，就可進抵崇高的境界。

今滋味

人生苦短，什麼是值得追求的快樂，什麼是不可深陷的悲哀？這牽涉到個人的人生觀和價值觀，但光是知道，其實並沒有什麼用，多數人還是想得到卻做不到，無法「知行合一」，這時就必須還要有大徹大悟的自我覺醒和自我要求，真正驚覺：既然已經醒悟，為什麼還無法要求自己做到？這不僅虛偽，而且是在作賤自己唯一的人生！只有痛徹到這點，才有可能大破大立，讓自己想望的人生成真。

學道要有毅力，得道順其自然

繩鋸木斷，水滴石穿，學道者須加力索；水到渠成，瓜熟蒂落，得道者一任天機。

今滋味

繩子可以鋸斷木頭，水滴可以穿透石頭，學道的人必須要有恆心毅力去追求；水一流到自然會形成溝渠，瓜成熟了瓜蒂必然會脫落，學道後能不能得道則是聽憑自然不強求。

柔弱的水滴為什麼能在堅硬的石頭穿出一個洞？它靠的不是什麼神力或奇蹟，而是靠「持續的滴落」。在人生路上，不管你想要什麼成功，偉大的抱負也許能讓你看到通往成功的道路，但堅定的毅力才是能讓你抵達的交通工具。當然，努力和毅力並不保證一定能獲得世俗的成功，但只要自己盡了力，對得起自己，就是人生最好的報酬，有沒有成功得道則不必太在意。

輯二

隨緣適性的自然真境

靜賞造物主的藝術傑作

林間松韻，石上泉聲，靜裡聽來，識天地自然鳴佩；草際煙光，水心雲影，閒中觀去，見乾坤最上文章。

今滋味

林中的松濤聲聲，石上的泉水淙淙，在寧靜中傾聽，讓人認識到天地之間大自然的美妙樂章；草叢裡的迷濛煙霧，水中央的白雲倒影，在悠閒中觀賞，讓人閱讀到宇宙間最頂級的天然文章。

大自然就是造物主的藝術傑作。一個人只要放下俗務，悠閒地走進大自然中，心無旁騖地去聽去看去品味，就能欣賞到造物主為我們創作的一幅幅美麗的圖畫、一首首動聽的音樂和一篇篇高雅的詩文。就像詩人基爾默所說：「我想我絕不會見到一首詩美麗如樹，愚騃如我者能作詩，但只有上帝才能造出一棵樹。」人類所有的藝術都起源於對自然的模仿，與其流連於仿作，不如去欣賞真蹟。

聆聽大自然為我們講道

竹籬下，忽聞犬吠雞鳴，恍似雲中世界；芸窗中，雅聽蟬吟鴉噪，方知靜裡乾坤。

站在竹籬邊，忽然聽到雞鳴狗吠的聲音，讓人彷彿生活在神仙世界中；坐在軒窗裡，悠閒聽著蟬鳴鴉叫的聲音，才知道安靜中蘊藏著無限情趣。

今滋味

在安靜的大自然中，忽然聽到雞鳴狗叫、蟬鳴鴉噪，不僅不會讓人感到吵雜、厭煩，反而會覺得生機無限。有位禪師天天對信眾講道，某個早上，當他走上禪堂，準備開始講道時，一隻小鳥忽然飛上窗台，就在那裡唱起歌來。禪師興味盎然地轉身傾聽，信眾們也都隨之聽著那隻鳥唱歌。等鳥兒唱完飛走，禪師對信眾說：「今天講道完畢。」

把自然界的蟲鳴鳥叫，當作是造物主在為我們講道，只要用心傾聽，就可以有深切的感受。

自然萬物都是我們的親友

興逐時來，芳草中撒履閒行，野鳥忘機時作伴；景與心會，落花下披襟兀坐，白雲無語漫相留。

當興致來的時候，在草地上脫鞋漫步，野鳥也會忘了危險飛到身旁來做伴；當景致與心靈融洽時，在落花下披著衣裳獨自靜坐，白雲似乎也無言地停留在頭上不忍離去。

今滋味

我們要如何與自然融為一體？也許應該學習天主教裡的聖方濟，他將天下萬物都視為自己的親人，稱他（她、牠、它）們為「我親愛的兄弟姊妹」。當他行經一片田野時，他會停下來，對觸目所及的牛、羊、小鳥、花朵、玉米、樹木、稻穀、山泉、泥土、石頭等講道，關心他們的生活，告訴他們應當愛和讚美它們的造物主。他講道時全神貫注，完全把對方當成是聽得懂他說話的聽眾。

讓身心都融入大自然中

今滋味

松澗邊，攜杖獨行，立處雲生破衲；竹窗下，枕書高臥，覺時月侵寒氈。

在密布松樹的山澗邊，拄著拐杖獨自散步，停步休息時，山谷中升起的雲霧，就籠罩在破舊的長袍上；在翠竹相倚的窗下讀書，倦了枕著書呼呼大睡，醒來時發現清涼的月光正照在蓋著的毛氈上。

我喜歡在沒有其他人、任何人為東西的山野中漫步。當一條蛇爬過草叢，一隻蟲子停在我的衣袖上時，我不會去打擾他們，甚至還低聲發出親切的問候。這樣我才能說，我跟天上的白雲和飛鳥、地上的鮮花與綠樹、青蛇與昆蟲是一體的。

我也曾經在森林山徑旁的石椅上躺下來，林中吹拂而過的風，還有溪流的聲音，成了我的催眠曲，我將我的身體和靈魂都交給了自然，不知不覺睡著了。醒來發現映入眼簾的是藍色的天空、青翠的巨木，那真是一種美好而奇妙的體驗。

各適本性，自由自在

簾櫳高敞，看青山綠水吞吐雲煙，識乾坤之自在；竹樹扶疏，任乳燕鳴鳩送迎時序，知物我之兩忘。

捲起窗簾，敞開窗戶，看看窗外青山綠水間雲煙的進出與飄動，才明白天地是多麼地悠閒自在；院子裡的翠竹綠樹，枝繁葉茂，任由燕子與斑鳩以歌唱來送走寒冬迎來新春，才曉得什麼叫作「各適其性，渾然忘我」。

今滋味

青山綠水任由雲煙的進出與飄盪，而不做任何干預；翠竹綠樹聽憑乳燕鳴鳩用他們的方式去送寒迎春，不發表任何意見；它告訴我們：自然界萬物各依自己本性行事，不互相干預，所以能保持自在、相忘而又和諧的狀態。人跟自然萬物、還有人與人之間，也應該互相尊重對方的本性，不要任意去阻擾、干預、操控，讓人人都能自適其適，這樣大家不僅能悠閒自在一點，還有助於促進自然與社會的和諧。

相忘乎水，不知有風

魚得水游，而相忘乎水；
鳥乘風飛，而不知有風。
識此可以超物累，可以樂天機。

今滋味

魚在水中悠游，卻忘了自己身在水中；鳥乘風飛翔，也不知自己身在風中。如果能理解箇中道理，就能超脫外物的拖累，享受自然的機趣。

一個呼吸順暢的人根本不會感覺到空氣的存在，甚至不知道自己在呼吸。同理，一個自由的人不會感覺到自己是自由的；只有在受到束縛的時候，他才會覺得自己不自由，而渴望能得到自由。在《莊子》一書裡，莊子借孔子之口說：「魚相忘乎江湖，人相忘乎道術。」當魚自由自在地在江河中嬉游時，牠根本不知水的存在；一個得道的人徜徉於大道中時，他也不會覺得自己是個得道的人。而一個清淨、淡泊的人也不會自覺清淨、淡泊，或將它們掛在嘴上，這樣才是真正的超脫。

鐘聲醒迷夢，山色見本真

雨餘觀山色，景象便覺新妍；夜靜聽鐘聲，音響尤為清越。

雨過天晴後，觀賞山色，景象就平添一份清新妍潔的美感。夜闌人靜時，聆聽寺院鐘聲，聲音就顯得特別清脆悠揚。

今滋味

下雨，是大自然在清洗、淨化、滋潤與護持自身。雨過天晴時，青山綠樹、花花草草，都洗去一身的塵垢，彷彿獲得了重生。人類從大自然中獲得啟示，不管是齋戒沐浴或洗禮，都要用水來清洗、滌濾、淨化自身，讓生命獲得重生。

在寂靜的夜裡，寺院所發出的鐘聲聽來特別悠揚沉穩，就如一首偈子所言：「聞鐘聲，煩惱輕，智慧長，菩提生。」它不只能消除許多的無名煩惱，還能讓我們的心靈得到安定，啟發自身的智慧光明。

兩者合而觀之，就是「鐘聲陣陣醒迷夢，山色色色見本真」。

在欣賞中掌握自然的律則

風花之瀟洒，雪月之空清，唯靜者為之主；水木之榮枯，竹石之消長，獨閒者操其權。

在風中搖曳之花朵的瀟灑，在月光映照下積雪的空曠清白，只有內心寧靜的人才能享受這種怡人景色。水邊樹木的繁盛與凋零，翠竹和青石間的消長變化，只有具閒情雅致的人才能掌握其規律。

今滋味

大自然中處處有美景，但就像陳道婆的偈子：「高坡平頂上，盡是採樵翁。人人盡懷刀斧意，不見山花映水紅。」如果你是抱著實用的態度走進大自然，那是無法充分領會自然之美的。但在以清靜悠閒的心情徜徉於大自然中時，也不要忘了從它們的消長變化中掌握自然的規律，就像孟德爾從豌豆的栽培中發現了遺傳定律。

讓花鳥在天地間自由生存

花居盆內終乏生機，鳥入籠中便減天趣。不若山間花鳥錯集成文，翱翔自若，自是悠然會心。

栽植在盆中的花，終究會失去自然生機；鳥被關進籠子裡，便減少天然情趣；不如山間的野花豔麗自在，天空的野鳥自由遨翔，讓人看起來更加賞心悅目。

今滋味

劇作家蕭伯納喜歡花卉，但一位朋友發現他屋內只有幾個作為裝飾品的花瓶，卻沒有花，而忍不住問他：「我一向認為你是愛花的，沒想到你屋內卻連一朵花也看不到。」蕭伯納回答說：「我也喜歡兒童，但是，我並不會把他們的頭割下來供養在花瓶裡。」

真正喜歡花，就不要摘花；真正喜歡鳥，就不要養鳥；要尊重他們，讓他們在自由的環境中自由成長。

尊重與欣賞眾生的本然

人情聽鶯啼則喜，聞蛙鳴則厭，見花則思培之，遇草則欲去之，俱是以形氣用事。若以性天視之，何者非自鳴其天機，非自暢其生意也。

今滋味

人之常情是聽到黃鶯婉轉啼聲就高興，聽到青蛙呱呱叫聲就討厭；看到美麗的花卉就想栽培，遇見雜亂的野草就想剷除。這完全是根據自己的喜怒愛憎做判斷，若照生物的天性來說，鶯啼蛙鳴都是在抒發牠們各自的情緒；花開草長，何嘗不是在舒展它們的生機呢？

喜聽鶯啼、厭聞蛙鳴，想栽花、欲除草，這些情緒反應都是來自我們對動物和植物的差別心，也就是不慈悲。如果能多發揮一點慈悲心，那不僅能了解各種動植物之所以會成為各自的模樣，並不是他們的錯，而是天性使然；在哀矜而勿喜與勿厭後，還能給予更多的尊重與欣賞，自己的人生將因此而變得更豐富與更有深度。

胸懷玲瓏，觸物都能會心

鳥語蟲聲，總是傳心之訣；花英草色，無非見道之文。學者要天機清澈，胸次玲瓏，觸物皆有會心處。

今滋味

鳥的啼叫和蟲的鳴聲，都是牠們表達感情的密碼；花的豔麗和草的青蔥，也是蘊藏自然妙道的文章。讀書人如果能靈智清明透澈，胸懷玲瓏細膩，那麼對所見所聞都能有所領略，而發出會心微笑。

歌德說：「一個人每天都應該聽一首歌，讀一首好詩，看一幅美畫，如果可能，再說幾句明理的話。」這是讓我們活得充實而又有品味的好方法。每天都要聽歌、讀詩、看畫、說明理話，也許有困難；但在大自然中，正有著俯拾皆是的歌曲、詩詞、繪畫與明理話，等待我們用心去觀賞與品味。

心體應像天體般變化無礙

霽日青天，倏變為迅雷震電；疾風怒雨，倏轉為朗月晴空。氣機何嘗一毫凝滯，太虛何嘗一毫障塞，人之心體，亦當如是。

當萬里晴空豔陽高照時，會忽然烏雲密布、雷雨交加；在狂風怒吼、傾盆大雨之時，又會突然皓月當空，萬里無雲。可見天氣的變化片刻也不曾停頓，而天體的運行也沒有發生絲毫的障礙，所以我們的心體也應該要像天體的變化般無礙。

今滋味

大自然的天氣瞬息萬變，但不管怎麼變，卻絲毫無礙於天體的運行。人的心體也有喜怒哀樂，它們同樣起伏多變，但就像老子所說：「人法地，地法天，天法道，道法自然。」我們的情緒也應該效法大自然的天氣，儘管多變，卻須過而不留，切不可讓多餘的情緒縈繞於心，鬱結不散，干擾我們接下來的生活，這樣才是真正的「天人合一」。

像自然照顧萬物般照顧自己

吾身一小天地也，使喜怒不愆，好惡有則，便是燮理的功夫；天地一大父母也，使民無怨咨，物無氛疹，亦是敦睦的氣象。

我們的身體就如同一個小天地，如果能使自己的喜怒沒有過失，好惡有個準則，那就是和諧調理的工夫；天地就等於是人類的大父母，如果能讓百姓沒有怨恨和牢騷，萬物沒有災害而順利成長，那就是祥和太平的好氣象。

今滋味

《淮南子》說：「天有四時、五行、九解、三百六十日，人亦有四肢、五臟、九竅、三百六十（骨）節。天有風雨寒暑，人亦有取與喜怒。」雖然有些穿鑿附會，但認為「人」是一個具體而微的「天」（自然），而且能互相影響的觀念，在今天依然能成立。大自然就像父母照顧子女般，讓生活於其間的萬物順利成長，我們也應該像父母照顧子女般，讓自己的身體機能和喜怒哀樂都能得到適當的抒發。

人生應如孤雲出岫，朗鏡懸空

今滋味

孤雲出岫，去留一無所繫；朗鏡懸空，靜躁兩不相干。

一片雲朵飄出山谷，無論是要去或留，沒有一絲牽絆束縛；朗鏡般的明月高懸夜空中，地面的靜寂或喧囂，都不會干擾它的光輝。

當我們受到現實生活的束縛與羈絆，特別是面臨壓力，工作與職位不保，不知何去何從時，看看那山谷裡的雲朵，它隨風飄盪，對要去要留似乎一點也不在意（即使在意也沒什麼用），是何等的悠閒自在？此處不留人，自有留人處；一個地方的出口，往往就是另一個地方的入口；我們又何需空煩惱？

當我們為周遭的喧鬧而煩躁時，看看天上的明月，它是何等的光明而又安詳？只要我能對周遭的喧擾保持一段的距離和一定的高度，那麼我心中亦可有一輪明月，擁有內在的光明與安詳。

接受大自然的潛移默化

山居胸次清灑，觸物皆有佳思；見孤雲野鶴，而起超絕之想；遇石澗流泉，而動澡雪之思；撫老檜寒梅，而勁節挺立；侶沙鷗麋鹿，而機心頓忘。若一走入塵寰，無論物不相關，即此身亦屬贅旒矣。

居住在山中，胸懷自然清朗灑脫，觸目所及都能產生美好想法。看到閒雲野鶴，即引發超塵脫俗之思；見著山谷流泉，就興起洗清世俗雜念之情；撫摸老檜寒梅的枝幹，不由湧現剛毅不屈的節操；與沙鷗麋鹿嬉遊，勾心鬥角的念頭就煙消雲散。如果再回到煩囂的塵世，便覺一切事物都與我無關，連自身也成了累贅多餘。

今滋味

孟子說：「居移氣，養移體。」生活環境可以改變一個人的氣質，攝生涵養可以改變他的體質。徜徉於大自然中，你會接觸到不同的景觀與事物，在它們的潛移默化下，你的世界觀、人生觀和價值觀都會隨著與都市人不同。

靜如青山綠樹，動若魚躍鳶飛

今滋味

心地上無風濤，隨在皆青山綠樹；性天中有化育，觸處見魚躍鳶飛。

內心田地上沒有風浪波濤，不管在哪裡都是青山綠樹的好景致；本命天性中存有自然化育的生機，觸目所及都是魚躍鳶飛的好風光。

青山綠樹，給人寧靜安詳的感覺。如果我們的內心沒有欲望雜念的騷擾，平靜無波，那麼不管置身何處，都能有觀賞青山綠樹的寧靜安詳感。鳶飛魚躍則給人活潑生動的感覺，如果我們能一直保持上天賦與每個生命的活力和生機，那麼觸目所及之處，也都能發現鳶飛魚躍般的活潑動感。

青山綠樹與鳶飛魚躍，這一靜和一動，安詳與活潑，就好像生命之鳥的雙翼、生命之車的雙輪，缺一不可。能靜又能動，動中有靜、靜中有動，才是理想生命應該具備的條件。

處喧見寂，出有入無的啟發

水流而境無聲，得處喧見寂之趣；山高而雲不礙，悟出有入無之機。

河水不停在流動，但周邊卻靜寂無聲，讓人領略鬧中取靜的真趣；山峰高聳，卻不妨礙白雲的飄動，讓人領悟在有無中自由出入的玄機。

今滋味

這種大自然情景給人的啟發，讓我想起如下故事：一個印度教行者在美國參加賴瑞金的脫口秀。賴瑞金提出很多犀利的毒舌問題，觀眾的叩應更是充滿質疑、敵意與嘲弄。但行者始終氣定神閒地回答。最後賴瑞金忍不住逼視行者：「你怎麼有辦法如此安靜？」行者微笑說：「這裡本來就很安靜，是我們把它弄得鬧哄哄的。」

更容易理解的說法是：「你們儘管鬧哄哄，但我內心卻一片寧靜。你們的毒舌像『有』刺的箭朝我飛來，但到我身前，都成了『無』，我輕鬆自在、毫髮無傷地穿越它們。」行者的這種修為，應該是來自如上所說大自然的啟發。

寵辱不驚，去留無意的境界

寵辱不驚，閒看庭前花開花落；
去留無意，漫隨天外雲卷雲舒。

得寵或受辱都不會驚動我的心情，只是悠閒地欣賞庭院中的花開花落；留下或離開都無須介意，放任思緒隨著天上的白雲舒卷自如。

今滋味

對於得寵或受辱，一般人的反應的是像老子所說的「寵辱若驚」，在得寵時驚喜萬分，在受辱時又驚慌莫名；這其實很可笑、也很可悲。因為不管是毀譽、得失、去留，不只是身外之物，而且也都是別人所給你的，所謂「趙孟之所貴，趙孟能賤之」，今天榮寵你、留住你、提拔你的人，改天同樣能侮辱你、辭退你、貶抑你，你在那邊驚喜或驚慌又何補於事呢？重要的是你的身心都不要受影響而有所損傷，只要留得青山在，何愁沒柴燒？而前提是你必須要有一顆清靜、篤定的心，不僅不為所動，而且還能怡然自得。

讓刺激過而不留、空而不著

耳根似飆谷投響，過而不留，則是非俱謝；心境如月池浸色，空而不著，則物我兩忘。

耳朵要像山谷，疾風呼嘯而過後，卻什麼也沒留下，那麼所有的是非黑白都會消逝；心境要如水面，雖然月色沉浸在水裡，卻空靈而不著痕跡，那麼就能忘了物我的存在。

今滋味

佛家說「六根清淨」，有人認為要讓眼、耳、鼻、舌、身、意六者保持清淨，不受汙染，就要耳不聽惡聲、心不想惡事，但這不僅陳義過高，而且形同逃避；更可行也更理想的做法應該是像《金剛經》所說「應無所住而生其心」，不管聽到、看到、想到的是什麼，我們都不必排斥，但也不必留滯、固著其上（住），而應該隨緣而起、隨緣而滅（忘），這樣才能讓心靈生生不息、自在而活潑。

要保有山肴與野禽的滋味

今滋味

山肴不受世間灌溉，野禽不受世間豢養，其味皆香而且冽；吾人能不為世法所點染，其臭味不迥然別乎？

山中的野菜沒有人灌溉施肥，荒野裡的動物也無人飼養照顧，但他們的滋味嘗起來卻特別甘美可口。如果我們能不受世俗觀點名利的汙染，那麼心性就會跟滿身銅臭味的人迥然有別。

在和不同的人互動後，經常會讓我產生不同的感覺。打個比喻，有的人像肉雞，在由世俗禮法打造、規格相同的籠子裡，以同樣的飼料（教育）餵養，馴馴順順地長大，雖然也有模有樣，但總讓我覺得沒「滋味」，似乎少了點什麼。有的人則像放山雞，必須自己飛高走低、四處覓食，雖然看起來有點粗野，但卻頗為精壯，眼界和談吐，都讓我覺得有種自然而獨特的「滋味」。我喜歡這樣的放山雞。

臥雪眠雲、吟風弄月的情趣

蘆花被下，臥雪眠雲，保全得一窩夜氣；竹葉杯中，吟風弄月，躲離了萬丈紅塵。

以蘆花當棉被，地面的白雪作床鋪，天上的雲彩作床帳，在這樣的自然景致下安眠，可以保全身體在夜裡凝聚的元氣；以竹葉當酒杯，在清風明月下吟詠詩歌，可以遠離塵世中的紛亂煩擾。

今滋味

高中時代和幾位同學到野外露營，雖然是睡在營帳裡，但身體跟大地只隔著一層帆布，而且蟲鳴蛙叫不絕於耳；深夜尿急，起身到營帳外，在清明的月光下對著草叢解放。在家裡從未煮過東西的我，和同學用石頭架起爐灶，撿拾枯枝來當柴火，煮出來的麵條雖然有些詭異，但嘗起來卻別有滋味。這種幕天席地，成了我高中時代最珍貴與美好的回憶。

登高舒嘯、雨夜讀書，心曠神清

登山使人心曠，臨流使人意遠；
讀書於雨雪之夜，使人神清；
舒嘯於丘阜之巔，使人興邁。

今滋味

登山遠望，讓人心胸開闊；臨河觀水，使人心意悠遠。在有雨雪的夜裡讀書，神識特別清明；在小山丘上高聲呼嘯，意興就會分外豪邁。

所謂「仁者樂山，智者樂水」。登山遠眺，讓人心胸開闊，可多一份仁慈；臨水觀流，讓人思慮靈活深遠，可多一份智慧。

台灣不下雪，但雨夜讀書，效果也差不多；古人還有「雪夜閉門讀禁書」是人生一大樂事的說法，想來是不必擔心有人會來打擾的關係。至於到無人的山顛縱聲高喊或呼嘯，不管是像獅吼或狼嚎，都是值得嘗試的動物本能的解放。

從天地之氣領悟人之性氣

天地之氣，暖則生，寒則殺。故性氣冷清者，受享亦涼薄。唯和氣熱心之人，其福亦厚，其澤亦長。

今滋味

大自然的氣息，春夏暖和，萬物就獲得生長；秋冬寒冷，萬物就失去生機。做人的道理就跟大自然一樣，性情脾氣冷淡清涼的人，他所能享受的福分自然就較為涼薄。只有個性溫和而又熱心者，他得到的福分不但豐厚，恩澤也比較長久。

做人應該像暖和的春夏，性情溫和而又熱心，這樣不僅個人愉快，又能與人和諧相處，生活將更加豐厚。如果像涼寒的秋冬，性情冷淡肅殺，待人涼薄，那生活也就難免清苦無趣。這固然有它的道理，但自然界是一年四季都有，做人似乎也不能只有春夏而無秋冬，對某些人和事表現出如春夏般的溫和與熱情，對另些人和事則報以如秋冬般的冷淡與肅殺，也許是比較周全而合適的做人原則。

零落肅殺中的生生之意

草木才零落，便露萌穎於根底；時序雖凝寒，終回陽氣於飛灰。肅殺之中，生生之意常為之主，即是可以見天地之心。

今滋味

草木的枝葉剛開始枯萎凋落，在根柢就已萌發出新芽；季節雖然已經進入寒冬，終究會回歸到溫暖的陽春時節。在肅殺蕭瑟的氛圍中，大地仍然以生生不息之意為主導，由此可以看出天地孕育萬物的本心。

大自然的這種變化，正是所謂的「生者死之徒，死者生之始」、「冬去春來，死去活來」。人世間的成敗、盛衰、榮辱，正跟自然界的變化一樣在周而復始地循環著，重點是我們在衰敗的時候，不必灰心氣餒，要有迎接興盛的樂觀和準備；而在興盛的時候，則不可得意忘形，要警惕衰敗的終將到來。這樣才是大自然這位好老師的好學生。

心念如天氣，隨起隨滅

心體便是天體，一念之喜，景星慶雲；一念之怒，震雷暴雨；一念之慈，和風甘露；一念之嚴，烈日秋霜；何者少得，只要隨起隨滅，廓然無礙，便與太虛同體。

我們的心體便是具體而微的天體，一個喜悅的念頭，就像景星慶雲的祥瑞之氣；一個憤怒的念頭，就像雷電風雨的暴虐之氣；一個慈悲的念頭，就像和風甘露的生生之氣；一個威嚴的念頭，就像烈日秋霜的肅殺之氣。這些念與氣都是少不了的，但只要能隨緣興起隨緣消滅，心胸開闊毫無阻礙，就可以和天地同為一體。

今滋味

人的心靈也有它的天空和氣候，人的情緒變化就像自然界的氣候變化。不一樣的外在刺激讓人產生不同的念頭與情緒，我們不必刻意去壓抑某種念頭或情緒，而是要跟自然界的氣候變化一樣「無住」，隨緣而起，隨緣而滅，不執著、不停留在某個念頭與情緒上，起滅自如、來去無礙，才是真正跟天地同為一體。

從保全天性到恢復天性

田父野叟，語以黃雞白酒則欣然喜，問以鼎食則不知；語以蘊袍短褐則油然樂，問以袞服則不識。其天全，故其欲淡，此是人生第一個境界。

今滋味

在鄉下跟農夫野叟聊天，談到白斬雞和老米酒時，他們就會興高采烈，問以山珍海味等佳餚，他們就茫然不知；提起長袍短襖的衣著，他們就會流露出歡樂表情，問以黃袍紫蟒等官服，他們根本不認識。這些老農夫保全了淳樸本性，所以他們的欲望才能這樣淡泊，這才是人生的第一等境界。

農夫野叟安於蘊袍黃雞，自得其樂，有兩種情況：一是他完全沒見過、也不知道有錦衣玉食，這是因為無知而來的幸福（保全天性）；一是他見識過、品嘗過錦衣玉食，但卻覺得還是蘊袍黃雞好，這是因為認知而來的幸福（恢復天性）。兩者同樣能讓人覺得幸福，但第二種幸福較能持久、也才是較高的境界。

反璞歸真的無窮意味

文以拙進，道以拙成，一「拙」字有無限意味。如桃源犬吠，桑間雞鳴，何等淳龐。至於寒潭之月，古木之鴉，工巧中便覺有衰颯氣象矣。

今滋味

寫文章要拙樸才能有進步，修道要依靠拙樸才能成功，可見拙樸含有無窮的奧妙意味，就好比桃花源中的狗叫，桑田間的雞鳴，那是多麼淳厚啊！至於寒潭裡的月影，古樹上的烏鴉，看似充滿詩情畫意，卻讓人感覺是衰敗的景象。

真實的東西大都是拙樸的，因為沒有經過修飾，雖然看起來有點粗陋，卻也是自然淳厚的。人為的工巧雖然也被認為是一種「美」，但總讓人覺得「美中不足」；真正的「大巧」是要像朱銘太極系列的雕刻，技藝愈純熟，風格也愈來愈粗簡拙樸，反璞歸真、復命歸根，再回到類似原先的模樣，也就是「大巧若拙」，雖然看起來「好像」跟原來的拙樸一樣，但其實已是更高境界的另一種「拙」。

在自然的情境中閱讀思考

今滋味

讀《易》曉窗，丹砂研松間之露；
談經午案，寶磬宣竹下之風。

清晨在窗下研讀《易經》；用松樹上落下的露水，摻和硃砂研墨，以它來圈點書中重要的字句。中午在書桌上與人談論佛經，敲打的鐘磬聲隨著竹林間的清風傳向遠方。

同樣一本書，在不同的時間和地方讀，感受很可能就會不一樣。《易經》被認為是在探討宇宙與人世運行及變化的深奧道理，所以宜在意識最清明的早上閱讀。而佛經談的主要是塵世煩惱的解脫之道，適合在較為炎熱的中午和朋友一起來研讀討論。其實，我們不見得要用作者所說的方式（磨研硃砂、敲打鐘磬），那未免太過複雜，重點是在閱讀時若能伴隨某種自己喜歡的簡單儀式（譬如聽音樂、喝茶、喝咖啡），那就會成為一種高雅而又愉快的享受。

鐘聲與月影，喚醒夢中人

聽靜夜之鐘聲，喚醒夢中之夢；觀澄潭之月影，窺見身外之身。

聆聽寂靜夜裡傳來的鐘聲，喚醒了人生大夢中的種種迷惘；靜觀清澈潭水中的月影，彷彿窺見了超越肉身的真實自己。

今滋味

金門太武山有座海印寺，寺門有一副對聯：「海寺鐘聲，喚醒眾生開覺路；印池月色，照明世界指迷津。」一似乎就有洪應明所說的意味。寺廟或教堂都有鐘聲，還常被稱為「醒世鐘」或「警世鐘」，特別是寺廟那沉穩、悠揚的鐘聲，在暗夜裡聽來，似乎最能喚醒陶醉在迷夢中的俗人。

而池潭中的月影雖然幽美，卻只是天上唯一而真實月亮的虛幻投影，我們的人生在亙古長空的宇宙裡，又何嘗不是如此呢？

不玩物喪志，可借境調心

徜徉於山林泉石之間，而塵心漸息；夷猶於詩書圖畫之內，而俗氣潛消。故君子雖不玩物喪志，亦常借境調心。

悠閒散步於大自然的山林泉石之間，塵世的凡心就會漸漸平息；從容流連於詩詞書籍畫卷之中，世俗的習氣也會暗中消散。所以有德的君子雖然說不要玩物喪志，卻可經常借情境來調息身心。

今滋味

有一位商界人士，他的辦公桌上總是擺著一盆鮮花，每隔幾天就更換一次。有人說這樣未免太浪費了，但他卻說這盆鮮花正以無聲的方式發揮它的影響力：「在這些鮮花的面前，人們很難存有自私或卑鄙的念頭，它們能激發一個人表現出他的紳士風度。」即使不能徜徉於林泉之間，將周遭布置得具有自然意境，也可以調息自己和他人的身心。

晚霞比朝雲更絢麗迷人

日既暮而猶煙霞絢爛，歲將晚而更橙橘芳馨。故末路晚年，君子更宜精神百倍。

今滋味

夕陽西下時，天空的晚霞依然燦爛奪目；一年將盡時，柑橘吐露更多的芳香。所以君子在人生走到末路的晚年，更應該精神百倍，充滿生命活力。

「欲歸還小立，為愛夕陽紅。」欣賞晚霞的人不僅比朝雲多，而且晚霞確實比朝雲絢麗。喜歡吃文旦的人也都知道，老欉文旦雖然較為小顆，外觀也較不吸引人，但肉質細緻柔軟多汁，更有營養，嘗起來也更加香甜味美。

人老雖然難免體衰，但卻可以更有智慧，甚至更有創意。美國的摩西老祖母在快八十歲時才學畫畫，結果在九十歲時成為世界知名的素人畫家。在她留傳下來的一千五百幅畫作中，有將近四分之一是在她一百歲時所畫（翌年才去世）。誰說人老就只能認命，乖乖等死？

濃夭不及淡久，早秀不如晚成

桃李雖豔，何如松蒼柏翠之堅貞；梨杏雖甘，何如橙黃橘綠之馨洌。信乎，濃夭不及淡久，早秀不如晚成也。

今滋味

桃花李花雖然鮮豔，怎能像蒼松翠柏那樣堅定耐久？梨子杏子雖然甘甜，怎能像黃橙綠橘那樣馨香清洌？所以我們要相信，濃豔早夭不如清淡持久，早先秀茂不如大器晚成。

一般說來，美麗的東西通常都無法持久，所謂「彩雲易散琉璃脆，自古好物不堅牢」，而當「最是人間留不住，朱顏辭鏡花辭樹」一時，反而更令人感傷；倒不如松柏雖然沒有豔麗的外表，但卻蒼勁長青，經得起時間的考驗。人的成就也一樣，少年得志雖然讓人稱羨，但在風光一時後，容易因驕狂而墜落，倒不如大器晚成，因飽經滄桑，而懂得謙虛守成。

物出天然適意，就是美好

意所偶會便成佳境，物出天然才見真機，若加一分調停布置，趣味便減矣。白氏云：「意隨無事適，風逐自然清。」有味哉，其言之也。

今滋味

偶然遇上的人事剛好合乎自已心意，便是佳境；東西出於天然，才能看出造物者的天工；如果加上一分人為的安排與修飾，那就會大大減低天然的趣味。白居易的詩：「意念聽任無為才能使身心舒暢，風要起於自然才能感到清爽。」說的就是這個道理。

「東家之子，增之一分則太長，減之一分則太短，著粉則太白，施朱則太赤。」這是戰國時代宋玉對一位天生麗質、自然美人的描述，任何的人、物、事、情景，渾然天成，不必有任何人為的增減或修飾，不僅最真實，也最動人。如果我能對每個我所遇到的天然都能看出他（它）的動人之處，那我的人生就會更加適意。

展現如天地般的才情

詩思在灞陵橋上，微吟就，林岫便已浩然；野興在鏡湖曲邊，獨往時，山川自相映發。

在灞陵橋上詩興大發，剛低聲吟出詩句，整個山林就隨之浩然遼闊；在鏡湖水邊勾起野趣，獨自漫步其間，看著湖水山巒互相輝映讓人陶醉。

今滋味

為什麼很多人在面對大自然的各種景致時，就會興起想要寫詩、畫畫、作曲、唱歌的創作衝動，而且得到很好的靈感？我想就像明朝的藝術家李漁說：「才情者，人心之山水；山水者，天地之才情。」因為大自然就是造物主展現其才情的藝術傑作，人置身其中，受到感染，也想好好發揮自己的才情。

而米開朗基羅更是在創作受阻時，放下工作，走進荒野，目睹暴風雨過後雲開霧散，旭日東昇的情景，然後獲得描繪創世景象的靈感。

作文與做人，但求恰好及本然

文章做到極處，無有他奇，只是恰好；人品做到極處，無有他異，只是本然。

今滋味

文章寫到最高的水準，並沒有什麼奇特之處，只是表達得恰到好處；人的品德達到最高的水準，也沒有什麼怪異之處，只是回歸到純真樸實的本來面目。

艾略特的《荒原》是一首長詩，初稿長達一千行，當他請摯友龐德過目時，龐德毫不留情地剔除掉冗長的修辭、重複的意象、不必要的賣弄，使得最後的篇幅只剩下原來的一半。但也正因為有這種刪除，才讓《荒原》能更精鍊、更敏銳、更清晰地傳達艾略特想要傳達的意念，而成為二十世紀最重要的不朽傑作之一。

不管是做人、做事或作文，最高的境界都是返璞歸真、平淡無奇、回復本然，洗盡鉛華、不賣弄、沒有巧飾雕琢。

以尋常自然的方式求表現

陰謀怪習，異行奇能，俱是涉世的禍胎。只一個庸德庸行，便可以完混沌而召和平。

陰謀詭計、怪異的言行與奇特的技能，都是為人處事時容易招致災亂的根源。只有平凡的品德和尋常的言行，才可以保持自然而帶來和平。

今滋味

標新立異、特立獨行，雖然能引起他人側目，但這種「側目」，可能是接下來想看你有幾把刷子的好奇，也可能是認為你太過張揚而產生的厭惡或嫉恨。如果你無法表現出真正的本事，那好奇者就會失去興趣，厭惡者很可能開始對你落井下石，讓你平白受災禍。所以最好還是在尋常而自然的方式中求表現，才是可長可久的明智做法。

一切順其自然、隨緣適性

幽人清事總在自適，故酒以不勸為歡，棋以不爭為勝，笛以無腔為適，琴以無弦為高，會以不期約為真率，客以不迎送為坦夷。若一牽文泥跡，便落塵世苦海矣。

今滋味

高雅的人與高雅的事都在於能順遂自己的本性，所以喝酒以不相勸飲最為快樂，下棋以不爭勝負最為高明，吹笛以沒有固定腔調最為適意，彈琴以不講求旋律最為高雅，見面以不期而遇最為真切，待客以不相迎送最為坦誠。如果拘泥於各種繁文縟節，那就要掉進世俗苦海中了。

傳說陶淵明有一把沒有弦的素琴，每逢友朋喝酒歡會，就彈著無弦琴自娛娛人，還說：「但識琴中趣，何勞弦上聲？」而喜歡喝酒的李白，在和朋友一杯又一杯對酌後，說：「我醉欲眠卿且去，明朝有意抱琴來。」像這樣一切都順其自然、隨緣適性、不刻意、不強求、怡然自得與自在，正是我們應該學習的。

了悟塵中之塵、影外之影

山河大地已屬微塵，而況塵中之塵；
血肉身軀且歸泡影，而況影外之影。
非上上智，無了了心。

今滋味

山河大地只是宇宙中的一粒塵埃，更何況人類只是微塵中的微塵；血肉之軀終歸是萬古裡的一個泡影，更何況權力名利這些泡影外的泡影？沒有至高的智慧，永遠無法明白這樣的道理。

有人問隱居於華爾登湖畔的梭羅：「你一個人住在這麼偏僻的地方，不會覺得孤單寂寞嗎？」梭羅回答：「怎麼會？地球只是宇宙中的一個小點，而我們都擠在這個小點裡。」如果能經常提醒自己：我們不過是塵中之塵、影外之影這個事實，那麼不僅能把一切世情看淡，而且可以讓自己活得更輕鬆、變得更謙虛，對人也更和藹可親。

超越一切差別，一體關懷

天地中萬物，人倫中萬情，世界中萬事，以俗眼觀，紛紛各異；以道眼觀，種種是常，何煩分別，何用取捨？

天地中的萬種生靈，人世間的萬種情感，世界上的萬種事情，若以凡俗的眼光來看，複雜繽紛、各不相同；但用天道的眼光來看，則統統一樣，全都平等。有什麼必要去區分，有什麼必要去做取捨呢？

今滋味

這段話讓人想起《莊子．秋水篇》裡的「以道觀之，物無貴賤；以物觀之，自貴而相賤；以俗觀之，貴賤不在己。」所謂「貴賤」，純粹是來自人為的差別觀，我們要齊、要仁、要慈、要悲的不僅是眾生、萬物、地方、事情、時間，還有自己的各種情緒與觀念，只有盡量提醒、要求自己不要再對它們產生不同的愛憎與取捨，一視同仁、一體關懷，才能成就大慈大悲。它很難做到，但值得努力。

從自然中體會無限生機

萬籟寂寥中，忽聞一鳥弄聲，便喚起許多幽趣；萬卉摧剝後，忽持一枝擢秀，便觸動無限生機。可見性天未嘗枯槁，機神最宜觸發。

今滋味

在萬籟俱寂的時候，忽然聽到一隻小鳥的叫聲，便會喚起許多幽雅的趣味。在所有花草都凋謝的季節，忽然看到枝上綻放出一朵鮮花，便會觸動內心存在的無限生機。可見萬物的本性並不會完全枯萎，其生機活力隨時都可能被觸動而生發。

四野寂寥、百花凋零的自然景致，最易讓失意之人觸景生情，覺得人生至此，似已毫無指望。但就在你要萬念俱灰時，忽然聽到一聲鳥啼、看到一花綻放，這種大自然在寂滅中復甦的無限生機，又會讓你重新點燃內心的希望之火，而決定再向春風舞一回。就像一首禪詩所說：「老松說般若，幽鳥念真如。」這也是大自然所能給我們的最佳療癒作用。

輯三

光明自在的活潑心念

心體光明，所見也一片璀璨

心體光明，暗室中有青天；念頭暗昧，白日下生厲鬼。

心體光明磊落，即使在暗室之中，也自有一片青天；心念陰暗曖昧，即使在大白天也會看見惡鬼。

今滋味

王陽明有一首詩說：「吾心自有光明月，千古團圓永無缺。」如果你內心是光明的，那麼看什麼東西也都是光明的；即使是髒兮兮的東西，在「心中明月」的映照下，也都能產生一種朦朧的美感。

法國小說家雨果另有說法：「冬天在我頭上，但我心中有一個永恆的春天。」心中的春天可以讓外界的冬天平添許多溫暖和光采。但如果你的心中只有可怕的黑暗和陰沉的冬天，那誰也無法阻擋你在白天會看見各種妖魔鬼怪。

心態決定你看到的世態

此心常看得圓滿，天下自無缺陷之世界；此心常放得寬平，天下自無險側之人情。

今滋味

一個人如果能以圓滿之心來看世界，那世界在他眼裡就沒有什麼缺陷；如果能經常把內心放得寬大平和，那他就不會認為有什麼人是邪惡不正的。

牡丹花是富貴的象徵，某知名畫家畫了好幾朵栩栩如生的牡丹花，取名《牡丹富貴圖》。一個觀畫者看了，說：「畫框邊邊的這朵牡丹花只畫了半朵，不是成了『富貴不全』嗎？」畫家笑著說：「我這樣畫，是想表示『富貴無邊』啊！」

同樣一件事，到底是「圓滿」還是「殘缺」？那真的要看你是抱持什麼樣的心態去看、去理解。同樣一個人，他的本性到底是「善良」還是「邪惡」？連上帝也無法明確回答，你的答案只是在反映你的心態。

念頭稍微不同，境界立刻改觀

人生福境禍區，皆念想造成，故釋氏云：「利欲熾然即是火坑，貪愛沉溺便為苦海；一念清淨烈焰成池，一念驚覺船登彼岸。」念頭稍異，境界頓殊，可不慎哉。

今滋味

人生的幸福與災禍，都來自個人的想法，所以佛家說：「私利欲望若太強烈就是火坑，貪婪愛戀如太沉溺即為苦海。只要有一個清淨的念頭，火坑就能變成清池；只要有一點驚覺的想法，生命之舟就能登上彼岸。」可見個人的想法稍有不同，人生的境界就會全然改觀，我們怎能不謹慎呢？

「一念清淨烈焰成池，一念驚覺船登彼岸」，雖然只是比喻，但卻容易讓人心裡懷疑：「哪有這麼容易的事？」其實佛家強調的是「念頭的改變」，那的確可以瞬間發生，就好像「頓悟」；但要真正落實到日常生活裡，卻需要日積月累的「漸修」功夫。除了想法，還必須有行為的改變，才能讓人真正近福遠禍。

延促由於一念，寬窄繫之寸心

今滋味

延促由於一念，寬窄繫之寸心。故機閒者，一日遙於千古；意廣者，斗室寬若兩間。

時間的長短全在於個人的想法；空間的寬窄也全在於個人的感覺。所以，悠閒自在的人會覺得一天比千年還要來得長久；心胸寬廣的人，會覺得小小的斗室也能像天地兩大般寬廣。

有人問愛因斯坦：「什麼是相對論？」愛因斯坦說：「當你和一個漂亮的女孩坐在一起兩小時，感覺上好像只有兩分鐘；但如果坐在熱火爐上兩分鐘，感覺上好像有兩個小時。」雖然只是比喻，但卻生動地指出時間的長短感受是相對的，主要來自個人主觀的感覺。對空間的感覺亦復如是。改變你的認知，就可以把一天視為一個具體而微的人生，一支小小的手機就是個無遠弗屆的宇宙。

心機湧動疑鬼，心念平息見真

機動的，弓影疑為蛇蝎，寢石視為伏虎，此中渾是殺氣；念息的，石虎可作海鷗，蛙聲可當鼓吹，觸處俱見真機。

心機湧動的人，會把杯中的弓影懷疑成蛇蠍，遠方的石頭看成臥著的老虎，到處都充滿了殺氣；心念平息的人，可以把石虎看成溫順的海鷗，聒噪的蛙聲當作悅耳的音樂，到處都可以發現自然的真諦。

今滋味

把弓影看成蛇蠍是錯覺，人難免會有錯覺，但更嚴重的是曲解外在訊息含意的妄想，譬如將別人無心的話理解成是在諷刺或攻擊自己；像這樣疑心生暗鬼，處處提防、警戒，會讓生活成為一個沉重的負擔。相由心生，相也會隨心滅，要讓不好的錯覺和妄想消失，釜底抽薪之計在於改變你的心念，除了將聒噪的蛙聲當作悅耳的音樂外，能把耳邊配偶的鼾聲聽成是天使在對你演講則更佳。

想召福遠禍，心態是關鍵

福不可徼，養喜神，以為召福之本而已；禍不可避，去殺機，以為遠禍之方而已。

幸福不可以強求，只有培養開朗歡喜的心態，才是迎來幸福的根本；災禍不能夠避免，只有排除邪惡仇恨的念頭，才是避免災禍的良方。

今滋味

「天有不測風雲，人有旦夕禍福。」儘管有些禍福是完全出乎意料，自己無法掌控的，但我們還是要反求諸己，做好自己可以做的事；而其中最重要的是自己對人對事的心態：如果能經常保持開朗歡喜、樂與人為善的心態，盡量排除邪惡仇恨的念頭，那不只能像曾子所說：「人之好善，福雖未至，去禍遠矣。人之為惡，凶雖未至，去福遠矣。」還可以更進一步，召福遠禍。

降魔先降心，馭橫先馭氣

降魔者，先降自心，心伏，則群魔退聽；馭橫者，先馭此氣，氣平，則外橫不侵。

要想制服魔鬼，必須先制服自己的內心，降服了內心，一切魔鬼自然起不了作用而退卻。要想控制不合理的橫逆，必須先控制住自己浮動的情緒，不再心浮氣躁，外在的各種橫逆事物自然無法入侵。

今滋味

有人喜歡說自己一時失察，受到魔鬼的誘惑。法國小說家紀德有一首詩：「魔鬼來敲我的房門／我的欲望給他回音／但我跪著祈禱／始終沒有去開門。」如果不是你去開門，魔鬼不會自行闖進來。因為，魔鬼其實就在我們心中，不管那是甜美欲望的誘惑或是憤怒情緒的蠢動，只有你自己能降伏它們，不讓它們闖出自己的心門到外頭作怪。

卷舒自在，行止在我

今滋味

人生原是一傀儡，只要根蒂在手，一線不亂，卷舒自在，行止在我，一毫不受他人提掇，便超出此場中矣。

人生原本就像一個傀儡戲，只要能把牽動傀儡的根蒂握在自己手裡，一根線也不讓它紛亂，那麼傀儡就能自在伸縮，要走要停都完全操在自己手裡，一點也不受他人干涉，如此就可以超脫於這場戲外了。

人生的確就像一場戲，塵世是個大舞台，每個人都是舞台上的演員，雖然有的扮演公侯將相，有的扮演販夫走卒，但那都只是表相，只是傀儡的戲服。每個傀儡的言行舉止、喜怒哀樂，都是由提掇、牽動根線的操演者所賦予的，而那個操演者就是我們自己的意念。只要我們對要如何安度此生有清楚而明確的想法，那不管外在環境如何變化，都能將影響減至最低。

澄然忘我，讓真心映現萬物

人心多從動處失真。若一念不生，澄然靜坐，雲興而悠然共逝，雨滴而冷然俱清，鳥啼而欣然有會，花落而瀟然自得。何地非真境？何物無真機？

今滋味

人心往往是因為浮動而失去純真的本性。如果能不生一點雜念，心靈清澈地安然靜坐，和飄過的雲朵一起消逝在天邊，隨落下的雨滴洗淨心中的塵埃，從鳥啼聲中欣然領悟自然的奧妙，看著落花繽紛而瀟灑自得，那麼何處不是人間的真境？何物不能體現生命的真諦？

「菩提本清淨，起心即是妄。」我們一動心起念，動的是識心，起的是妄念，真心即開始被蒙蔽。但只要心頭無念無染無住，看到雲朵就隨雲朵而去，聽到雨聲就覺得自己是那雨聲，和小鳥一樣歡唱，跟鮮花一起綻放，與周遭的萬物融為一體，瀟灑自在，那就是「何地非真境，何物無真機」。

情緒波動時，要保持平常心

不可乘喜而輕諾，不可因醉而生嗔，不可乘快而多事，不可因倦而鮮終。

不可因一時高興而輕許諾言，不可借醉酒而亂發脾氣，不可乘一時之快而多管閒事，不可因為疲倦而有始無終。

今滋味

人是情緒性動物，容易因一時的情緒波動而做出非理性，甚至後悔莫及的決定；本文所提到的一時高興、喝醉酒、意興風發、疲倦正是這樣的關鍵時刻。避免之道無他，就是不管是正面或負面情緒，在起伏波動時，都要提醒自己千萬不能衝動，「忍一時風平浪靜」，過些時候再表示意見或行動，也不會差到哪裡去。而最穩當的方法是在平日就訓練好自己能保持「平常心」，不以物喜、不以己悲，情緒的起伏不要太大，並將其影響減至最低。

以我來轉物，不讓物來役我

無風花月柳，不成造化；無情欲嗜好，不成心體。只以我轉物，不以物役我，則嗜欲莫非天機，塵情即是理境矣。

今滋味

天地間若沒有風月花柳景物，也就不成其為造化萬物的大自然；人類心裡若沒有感情欲望及嗜好，也就不是真正的心體。只要我能轉化外物，而不是讓外物來駕馭我，那麼各種欲望嗜好無一不是天賦的靈機，世俗凡情也等於是天理的境界。

風花雪月，是自然美景；七情六欲，是人的天性；想排除或扼殺這些，是在違逆自然，跟人的本性作對，難以成為正道。更理想的方式是接納它們，但不要耽溺其中，受其奴役，而應該成為它們的主人。這也正是蘇東坡所說的：「君子可以寓意於物，而不可以留意於物。」也就是賞玩美好的事物，藉以寄託自己的情趣；但不可過分看重它們，留滯其中，難以自拔，而終至帶來悔恨與毀滅。

心情選擇記憶，記憶影響人生

時當喧雜，則平日所記憶者，皆漫然忘去；境在清寧，則夙昔所遺忘者，又恍然現前。可見靜躁稍分，昏明頓異也。

今滋味

在環境喧囂雜亂、心情浮躁的時候，平日所記憶的事物，就會忘得一乾二淨；在環境寧靜清明、心神平和的時候，以前所遺忘的事物又會忽然浮現在眼前。可見心神的浮躁和寧靜只要稍微有點區分，靈智的昏暗與明朗就會迥然不同。

宇宙臣服於寧靜的心靈。心理學的研究亦顯示，一個人心情愉快的時候，不只會對自己、人生及世界有較樂觀的看法；能從當下的周遭世界裡發現更多開朗、正面的訊息，而且在回憶時，也能想起更多愉快、讓人回味無窮的往事；這些又都有助於他繼續保持愉快的心情。而心情悲傷的時候則剛好相反。所以，每天醒來時，最好提醒自己：「我決定以愉快的心情來度過這一天。」

夜深人靜時的體悟與慚愧

夜深人靜獨坐觀心，始覺妄窮而真獨露，每於此中得大機趣；既覺真現而妄難逃，又於此中得大慚忸。

今滋味

夜深人靜時，獨自靜坐觀察內心，方才感覺妄念消失而真心顯露，每當這個時候就能體會生命的真機樂趣。但等到發覺真心的顯現為時甚短，難以擺脫的妄念再度盤據心頭，這個時候又會自覺非常的慚愧不安。

蘇東坡有兩句詩：「長恨此身非我有，何時忘卻營營？」生動地描述了很多人內心的糾結：我們內心好像有兩個我，一個是為名利而奔走的妄我，一個是對此感到不滿的真我。妄我主導了我們白天的忙碌生活，而到了夜深人靜時，真我（心）顯露，才讓我們警覺那並非我們想要的人生，但卻又難以擺脫。如果真的感到慚愧，那就必須下定決心對自己的人生做個大盤整。

學習傾聽和閱讀自己的內在

人心有一部真文章，都被殘篇斷簡封錮了；
有一部真鼓吹，都被妖歌豔舞湮沒了。
學者須掃除外物，直覓本來，才有個真受用。

今滋味

每個人的心中都有一篇真正的好文章，可惜被外面破碎雜亂的文章給封閉了；每個人的心中也都有一首真正的美妙樂曲，可惜卻被世俗的靡靡之音給湮沒了。一個好學的人必須掃除外物，直接尋覓自己心中本有的真諦，才能一生受用不盡。

禪宗六祖惠能說：「若無世人，一切萬法，本自不有。故知萬法本自人興，一切經書，因人說有。」人世間所有的書籍、音樂等都是以前的智者和覺者在傾聽自己內在後的心得，換句話說，它們都是「人性中本自具有的」。惠能不識字，為什麼能說出很多精妙的道理？除了聽聞外，主要就是來自「閱讀心中本有的好文」。學習傾聽和閱讀自己的內在之聲，才是我們最重要的功課。

把一切看淡，心靜自然涼

欲其中者，波沸寒潭，山林不見其寂；虛其中者，涼生酷暑，朝市不知其喧。

今滋味

一個內心充滿欲望的人，能使平靜的心湖掀起洶湧的波濤，即使在深山叢林裡也無法安靜下來。一個內心沒有欲望的人，即使在盛夏酷暑也會感到涼爽，置身鬧市中也不會覺得喧囂。

漫步於山林中，讓人感受到難得的寧靜，但這種寧靜其實是山林所給的，更真確地說，應該是我受山林寧靜的感染而得到寧靜；如果我想經常擁有這種寧靜，那麼我就要在自己心中擁有一片山林，可隨時供我徜徉，也就是我先要有一個寧靜的心靈。所謂「心靜自然涼」，涼，不只是涼爽，還是cool，把一切都看淡。當你把一切都看淡了時，周遭自然也就一片清涼。

何必再為暑熱與貧窮煩惱？

熱不必除，而除此熱惱，身常在清涼臺上；窮不可遣，而遣此窮愁，心常居安樂窩中。

暑熱不必想方設法去消除，只要消除煩躁不安的情緒，身體就宛如坐在清涼台上一般舒爽；貧窮也不必用什麼方法去消除，只要能排除因貧窮而生的愁緒，那就能像生活在快樂窩裡一般幸福。

今滋味

有人認為這是不想積極去解決問題，而只是在逃避問題的消極辦法。但如果問題根本無法解決或超出你的能力範圍，那該怎麼辦？連愛因斯坦都說：「如果你無法解決問題，那就改變對問題的看法。」除了莊子的「知其無可奈何而安之若命」，改變想法，認為暑熱沒什麼好煩惱、貧窮沒什麼好憂愁的，可能是更好的方法；當你放鬆心情後，說不定反而能豁然開朗，找到另外的解決辦法。

停止機心算計，心胸放高遠

機息時，便有月到風來，不必苦海人世；心遠處，自無車塵馬跡，何須痼疾丘山？

停止算計的機心之後，就會有猶如明月清風到來般輕鬆舒暢，不必再為人間的煩惱而痛苦；心胸放得開闊高遠後，自然不會再聽到車馬的喧鬧聲，又何必眷戀山林的隱居生活？

今滋味

陶淵明有首詩，詩中四句：「結廬在人境，而無車馬喧。問君何能爾？心遠地自偏。」正是上面這段話的最好說明。

在清風明月、山林幽泉中，固然可以讓人感到寧靜安詳，但你不可能終日與它們為伍，根本之道還是在於自己的心思，只要停止機心、開闊心胸，以心轉境，那不管在什麼環境中，心中都可以有清風明月、山林幽泉，讓你怡然自得。

靜中見真境，淡中識本然

風恬浪靜中，見人生之真境；
味淡聲希處，識心體之本然。

人只有在風平浪靜的生活中，才能發現人生的本來真境；只有在粗茶淡飯、少有聲色的生活中，才能體認心體的本來面目。

今滋味

一般人成天忙碌，為了溫飽和名利而四處奔波，難得靜下心來，想一想人生究竟是什麼，自己這樣忙碌又是為了什麼？其實，只有自己能放下工作，過段清靜的生活，內心也跟著放空心思，在內外都清靜的情況下，你才能或終於發現真正的人生在本質上其實無風也無浪、一片寧靜。你像無頭蒼蠅般地忙碌鑽營，無異是在讓你的人生失真。而也只有在遠離聲色的清淡生活中，你也才能認識到自己的本性原本就是清清淡淡的，而就像弘一大師所說：「淡有淡的滋味。」這種滋味也值得你仔細去品嘗。

事來心始現，事去心隨空

風來疏竹，風過而竹不留聲；
雁度寒潭，雁去而潭不留影；
故君子事來而心始現，事去而心隨空。

當風吹來，吹得竹林沙沙作聲，待風離去後，竹林卻沒有留下任何聲音。當大雁飛來，寒潭倒映出牠的影子，等大雁飛走，水面卻再也看不到任何雁影。所以君子應該在事情來臨時，才顯現他的心思；事情過後，也就放空心思，重回平靜。

今滋味

不管外界如何紛亂騷動，內心都保持寧靜不受影響，這樣的理想境界實非常人可及。較容易達到的修為是我們對外在刺激還是會有反應，但刺激過後，反應也隨之消失，而沒有留下任何痕跡。也就是說：事情還沒來時，我們不必在心裡亂揣摩、空焦慮；事情過後，過了就過了，我們也無需停留在不斷的懊惱與悔恨中，而應該放空心靈，迎接另一回合的外在刺激。

看花瓣紛落，心裡自在悠閒

古德云：「竹影掃階塵不動，月輪穿沼水無痕。」

吾儒云：「水流任急境常靜，花落雖頻意自閒。」

人常持此意，以應事接物，身心何等自在。

古代的高僧說：「被風吹動的翠竹影子掃過台階，但階上的塵土卻絲毫不動；月亮的輪影穿透池沼，卻沒有在水面留下任何痕跡。」儒家的學者也說：「水流不管多急促，周遭的環境卻一直很安靜；儘管看著花瓣紛紛落下，但心裡卻一片自在悠閒。」如果能經常抱持這種意趣來待人接物，那身心將會是何等的自由自在。

今滋味

佛家和儒家都從觀察自然現象而體悟，處在紛亂的騷動中，依然有清閒而安靜的存在。他們都把這種「自由自在」視為一個人待人接物的理想境界，但這並非蘇洵所說的「泰山崩於前而色不變，麋鹿興於左而目不瞬。」蘇洵的「不」字，讓人想到克制、壓抑，真正的「自由自在」是自發性的，它不是一種人格修養，而是來自放空心靈後的清閒寧靜。

知身不是我，煩惱更何侵？

世人只緣認得「我」字太真，故多種種嗜好，種種煩惱。前人云：「不復知有我，安知物為貴？」又云：「知身不是我，煩惱更何侵？」真破的之言也。

今滋味

世人只因為把「我」這個字看得太認真，所以多了各式各樣的嗜好，也產生種種煩惱。從前的人說：「不再知道有『我』的存在，又怎會知道外物的可貴？」又說：「知道這個身軀不是我的，煩惱又如何侵害我？」真是點破要旨的說法啊！

多數人都有過專注於某事而「渾然忘我」（不復知有我）的美好經驗，而所有的煩惱與痛苦都是因為擺脫不了「我執」（我在苦惱）。但要如何「知身不是我」？有一個方法是練習不要再用「我」去觀照自己，譬如不是「我在痛苦」，而是「有一個王某某在痛苦」，就像佛家的「觀」，站在身外觀照自己，了解到不只身體不是我的，所有的名與利及一切也都不是我的，那還有什麼好計較和煩惱的呢？

人我無別，動靜兩忘

喜寂厭喧者，往往避人以求靜，不知意在無人，便成我相；心著於靜，便是動根，如何到得人我一視，動靜兩忘的境界？

今滋味

喜歡寂靜而討厭喧鬧的人，往往會躲避他人來求得安靜。卻不知有意避開人就是執著於自我，內心執著於安靜就是躁動的根源。這樣怎麼能達到人我沒有差別、動靜都遺忘的境界？

為什麼想要避開「人」？因為有一個「我」的存在；為什麼想要「靜」？因為覺得外面很「動」。「人」是因「我」而成，「靜」是對「動」而起；意識到一方，另一方必緊隨在後或隱藏其後；愈想要避開「人」，就愈擺脫不了「我」；愈希望能夠「靜」下來，就愈受「動」的糾纏。解脫之道是「兩忘」：忘了人跟我、動與靜，沒有人沒有我，不知動不知靜，這樣才能靜下來。

莫被自以為是的固執蒙蔽

縱欲之病可醫，而勢理之病難醫；事物之障可除，而義理之障難除。

縱欲的毛病可以醫治，固執己見的毛病則難以醫治；被事物蒙蔽的障礙可以清除，自以為是的障礙卻難以清除。

今滋味

本能的欲望必須得到適度的滿足，如過度放縱而耽溺其中固然是一種病，但它也不是無底深坑，超過一個極限所帶來的身心傷害，都會讓人知所警惕而得以挽回；但固執己見者卻不會認為自己有什麼不對，要他放棄自己的觀點反而比登天還難。

人難免會被事物蒙蔽，但一經解說，通常就能豁然開朗；麻煩的是自以為是者覺得自己的看法千真萬確，根本無法被說服，這也是王陽明所說：「去山中賊易，去心中賊難。」喜歡自以為是的人都要引以為戒。

放下障道的偏見與聰明

今滋味

利欲未盡害心，意見乃害心之蟊賊；聲色未必障道，聰明乃障道之藩屏。

名利欲望未必都會殘害人的心性，只有自以為是的偏見才是殘害心靈的毒蟲；聲色之娛未必都會妨礙對真理的追求，只有自作聰明才是追求真理的最大障礙。

為了滿足名利的欲望，固然會讓人做出傷天害理的事，但也可能成為激發個人奮發向上的動力，所以它未必都會殘害心性，端看個人怎麼發揮。而個人的偏見，就像一副有色眼鏡，看什麼都被扭曲了，卻還自以為是，這才是對心性最大的殘害。

聲色之娛來自本能需求，絕非什麼毒蛇猛獸，只要個人懂得節制，也未必都會損及對真理的追求。反倒是自作聰明，自以為高人一等，什麼看法都是對的，固執己見而又不知反省、不知長進，才會對追求真理帶來最大的阻力。

擺脫對富貴與仁義的執念

放得功名富貴之心下，便可脫凡；
放得道德仁義之心下，才可入聖。

一個人要能拋開功名富貴的心思，就可以超越凡俗；要放得下道德仁義的執念，才可以進抵聖賢的境界。

今滋味

有人說：「拿得起，是聰明；放得下，是智慧。」能博得功名富貴，表示你有兩把刷子；但在擁有後又能放得下，才顯示你是真正的高明，也的確是超越凡俗。放不下就表示還在執著，還有個貪念；如果執著於道德仁義，還貪戀著道德仁義，又怎麼能算達到聖賢的境界呢？

不只功名富貴與道德仁義，生活的藝術就在於決定什麼是應該抓住的、什麼又是應該放手的。而輕鬆放手，總是比勉強抓住讓人更自在、也更愉快。

保持頭腦清醒、身心鬆弛

念頭昏散處，要知提醒；
念頭吃緊時，要知放下。
不然恐去昏昏之病，又來憧憧之擾矣。

今滋味

因意念雜亂而感到昏沉時，就應該平靜下來讓頭腦清醒；因工作煩瑣而情緒緊張時，就要懂得放下工作，讓情緒恢復鎮定。否則恐怕剛治好昏沉紛亂的毛病，便又陷入思緒搖擺不定的困擾中。

當你因用腦過度，對問題想太多、想太久後，心智的「保險絲」過熱，思緒就會陷入混亂而昏昏沉沉的，最好的解決辦法就是不要再想，改去做別的事，等「保險絲」涼下來，頭腦才能恢復清醒。而在工作過度，情緒變得非常緊張時，最好的解決辦法是立刻放下工作，休息、聽音樂或吃點心，讓緇緊的神經鬆弛下來。如此，才能更有效率地重新出發。

少事為福，多心召禍

福莫福於少事，禍莫禍於多心。唯苦事者，方知少事之為福；唯平心者，始知多心之為禍。

今滋味

人生沒有比少事更幸福的了，也沒有比多心更大的災禍。只有每天為事情太多而苦惱的人，才知道事情少的幸福；只有心平氣和的人，才知道多心猜疑的禍害。

俗語說：「多事不如少事，好事不如無事。」完全無事，不太可能；自己分內的事還是要做，但跟自己沒什麼瓜葛的，還是盡量不要去攀附，這樣才不至於身不由己，被瑣事纏身或惹事生非，讓心靈保持清靜平和，而平安就是福。

但閒來無事，若胡思亂想，難免會「疑心生暗鬼」，不只讓自己心神不寧，若形之於外，還可能因此而惹禍上身。「少事」是身外沒有太多事，「不多心」是心內沒有太多想法；身外和心內都力求簡單，就是讓自己能得福免禍的根本。

熱中著冷眼，冷處存熱心

今滋味

熱鬧中著一冷眼，便省許多苦心思；冷落處存一熱心，便得許多真趣味。

在熱鬧場中，用一點冷淡的眼光去看，就可以省卻許多苦惱的心思。在冷落的境遇中，保存一點積極的熱心，便可以得到許多真正的趣味。

這讓我想起禪宗六祖惠能所說的：「若有人問汝義，問有，將無對；問無，將有對；問凡，以聖對；問聖，以凡對。」他從中發展出來的「三十六對法」原是在教導門徒打破執著的思維訓練法，但對現代人來說，其實還是非常有用。套用惠能的說法：「你思熱，我就想冷；你說冷，我就話熱；你憶苦，我就思甜；你思甜，我就憶苦。」這樣做不僅可以打破我們在看問題時常見的偏頗與執著，而且還能讓我們的心胸更開闊、生活有更豐富與均衡的品味。

要動處靜得來，苦中樂得來

靜中靜非真靜，動處靜得來，才是性天之真境；樂處樂非真樂，苦中樂得來，才見心體之真機。

在安靜的環境中得到的寧靜，並非真寧靜，只有在喧鬧的環境中能保持心情的平靜，才是合乎本然之性的真寧靜；從嬉遊歡笑中得到的快樂，並非真快樂，只有在艱苦的環境中仍然能快樂得起來，才是得到心性本體的真正妙用。

今滋味

有人建議我們要到喧鬧的環境中鍛鍊自己保持一顆寧靜的心，要在困苦的生活中學習保持快樂的心情，這種「以境練心」固然也是一種方法，但似乎有點勉強。其實，真心是不會因外在環境而動搖，一直是寧靜、安詳而快樂的，我們真正要做的是去妄存真、明心見性，「以心轉境」，在喧鬧與困苦中，依然寧靜而快樂。

非幻無以求真，雖雅不能離俗

金自鑛出，玉從石出，非幻無以求真；道得酒中，仙遇花裡，雖雅不能離俗。

今滋味

黃金是從礦物中冶煉出來的，美玉是從石頭中析離出來的，沒有虛幻就無法獲得真實；從飲酒中可以悟道，在煙花叢裡能遇見仙人，雖然高雅也不能脫離世俗。

我們要如何了解真實與真理？只有認識到什麼是虛幻、什麼是謬誤，才有機會窺探到真實與真理的可能面貌；我們又要如何追求真實與真理？只有從現實世界的虛幻與謬誤中去尋找；現實世界裡的虛幻與謬誤才是我們必須面對與克服的。

什麼是高雅的人或事物？每個人的定義和見解儘管不同，但它們都只能存在於平凡而庸俗的世界裡，而且是從平凡與庸俗中提煉出來的。排斥平凡與庸俗，甚至嗤之以鼻，都只是自以為是的假高雅。

苦心中有快樂，得意時生悲傷

苦心中，常得悅心之趣；得意時，便生失意之悲。

在苦苦用心之中，卻經常體味到心情愉快的樂趣；在志得意滿時，反而會浮生失意落魄的悲傷。

今滋味

辛苦工作中所體味出來的愉悅樂趣，不同於一般的愉悅樂趣；不管最後是否能帶來成功，辛苦用心本身就讓自己覺得自己是個有用、有尊嚴的人，而為此感到滿意與驕傲，那也是辛苦用心所能給自己的最佳報酬。

志得意滿時所感受到的失意哀傷，也不同於一般的失意哀傷；它似乎在跟志得意滿時的快樂唱反調，但正想提醒我們得意與快樂的短暫，我們不可耽溺其中，以免被接踵而來的不測所掩沒。

有功不驕矜，有過要悔改

蓋世功勞，當不得一個「矜」字；
彌天罪過，當不得一個「悔」字。

今滋味

縱然有蓋世的功勞，也承受不了一個驕矜的「矜」字，驕矜了就會前功盡棄；即使犯了滔天大罪，也擋不住一個懺悔的「悔」字，只要能真誠懺悔，就能贖回以前的罪過。

個人的心態往往比所做的事更值得關注。即使有蓋世功勞，但如果因此而志得意滿，盛氣凌人，那不只會讓人看輕和鄙視，而且還會導致接下來的失敗。犯下滔天大罪，如果能心懷懺悔，那也值得寬恕；但更重要的還需有改過的具體行動，如果只是淚流滿面地懺悔，但卻悔而不改，沒多久就又故態復萌，那這種悔就會讓人更加看輕與鄙視。

逆境往上爬，順境朝下走

居逆境中，周身皆鍼砭藥石，砥節勵行而不覺；處順境內，眼前盡兵刃戈矛，銷膏靡骨而不知。

今滋味

處在艱困的逆境中，四周都是治病的針砭藥石，能在不知不覺中砥礪你的操守和品行；處在安逸的順境中，眼前盡是兵刃戈矛等利器，會在不知不覺中銷靡你的靈魂和身體。

人生的路途起起伏伏，多數人都喜歡舒暢的順境而討厭艱困的逆境，但兩者其實都難以避免，換個角度和心情來看待它們才是明智的做法：在逆境中，要克服的困難很多，而且感覺很吃力，它就好像在爬山，雖然較艱難，但卻能引領我們向上；反之，在順境中，一切都讓人感到愉快，那就好像在下山，雖然輕鬆，但其實我們是在往下走。有了這種認識，心情就會不一樣。

無心求福反得福，有心避禍卻召禍

貞士無心邀福，天即就無心處牖其衷；儉人著意避禍，天即就著意中奪其魄。可見天之機權最神，人之智巧何益。

有氣節的君子雖然無心為自己謀求福祉，老天卻在他不留意處啟發他完成事功，使他獲得福分；而奸邪的小人雖然費心想逃避災禍，老天卻在他巧用心機時奪其魂魄，使他遭受災禍。可見上天的靈活變化最神奇，人的智巧根本比不上。

今滋味

有道是：「是福不是禍，是禍躲不過。」事情的發展往往不是人力所能改變的，那要如何自處？《中庸》告訴我們：「上不怨天，下不尤人，故君子居易以俟命，小人行險以僥倖。」君子安分守己，做好當下該做的事情；而小人盡做些危險的事，想要僥倖逃避。但結果是無心求福反得福，有心避禍卻召禍。

恩裏由來生害，敗後或反成功

恩裏由來生害，故快意時須早回頭；敗後或反成功，故拂心處莫便放手。

從得到恩惠裡往往會產生禍害，所以在稱意快心時必須早點回頭；失敗過後或許能有助於成功，所以在不如意時不要輕易放棄。

今滋味

人不只想要快樂和成功，還渴望能一直持續下去。但「世事無常」，天下沒有永遠不變的事，當快樂達到一個程度時，就要懂得見好就收、急流勇退，才可避免不必要的苦惱。

失敗雖然讓人氣餒，但俗語說得沒錯：「失敗為成功之母。」在失敗一段時間後，卻不可輕言放棄，最好能再堅持下去，才能迎接隨後可能到來的成功，使過去的努力不至於白費。

一費心經營，高雅就淪為庸俗

山林是勝地，一營戀便成市朝；書畫是雅事，一貪痴便成商賈。蓋心無染著，欲界是仙都；心有繫戀，樂境成苦海矣。

秀麗的山林原本都是勝地，一旦迷戀經營，就會變成喧囂的鬧區；琴棋書畫本來都是高雅趣味，一旦貪戀癡狂，就會變成庸俗的市儈。一個人只要心地不受外物汙染，即使置身人欲橫流的花花世界，也可以成為自己的快樂仙境；反之，一旦內心有所迷戀和盤算，那快樂的仙境也會翻成人生的苦海。

今滋味

到一個國家級的風景區，買了三百塊的遊園券入場，發現到處是遊客，大家忙著拍照、吃東西、嬉鬧，沒有幾個人真正在欣賞風景。去看一個畫展，覺得一幅畫很有意境，細看旁邊小小的標價：「1,200,000」，頓感索然無味。不管什麼東西，一旦有了價碼，高雅也就容易流為庸俗；但奇怪的是，如果能將價碼拉得更高，那又會讓某些人或自己覺得「很高雅」。

即使是理想，也不要太超過

氣象要高曠，而不可疏狂；心思要縝密，而不可瑣屑；趣味要沖淡，而不可偏枯；操守要嚴明，而不可激烈。

今滋味

人的氣象要高放曠逸，卻不可流於疏淺輕狂；心思要精緻細密，卻不可淪為繁瑣屑細；趣味要謙沖淡泊，卻不可流於偏執枯寂；操守要嚴正顯明，卻不可變成偏激剛烈。

這段話讓人想起儒家的中庸之道，但卻又不太一樣。因為中庸之道指的是不偏不倚、無過無不及、最尋常的道理，而本文中所說的高曠、縝密、沖淡、嚴明這四種境界，都屬於比中庸要來得偏高許多的理想，所以它只強調不可太超過，而變成疏狂、瑣屑、枯燥；其實，不要那麼高曠、縝密、沖淡、嚴明，恐怕更容易做到，也更符合儒家的中庸之道。

要放任或收束身心，操之在我

白氏云：「不如放身心，冥然任天造。」晁氏云：「不如收身心，凝然歸寂定。」放者流為猖狂，收者入於枯寂。唯善操身心的，欛柄在手，收放自如。

白居易說：「不如放任自己的身心，在冥冥中任憑天然去造就。」晁補之說：「不如收束自己的身心，凝神回歸寂靜安定。」放任身心的人容易流為猖狂，收束身心的人難免淪入枯寂。只有善於掌握自己身心的人，主導權握在自己手中，才能收放自如。

今滋味

這段話比較接近禪宗的「中道」思想。凡事都可做正反兩面的思維，但不管是正向或負面思維，其實都是偏執；在觀念的取捨之間，「中道」思想主張的不是半取半捨，而是可取可捨、有取有捨、能取能捨；該取的時候就取，該捨的時候就捨；什麼時候放任身心，什麼時候收束身心，完全操之在我，這才是真正的收放自如。

美德與高風，不宜太苦過枯

憂勤是美德，太苦則無以適性怡情；澹泊是高風，太枯則無以濟人利物。

今滋味

憂心勤勞盡心做事是一種美德，但太過分了就會失去怡情養性的生活情趣；淡泊名利是一種高風亮節，但太過淡泊，就會失去做一番事業、貢獻社會的動機。

憂勤是儒家重視的美德，澹泊是道家喜歡的高風，洪應明將它們兼容並蓄，正表示它們都是受人肯定，也讓人嚮往的。但不管是人品、意境或東西，如果太美、太高，就會讓人覺得不尋常、不合常理、稀奇古怪；即使再好，也是不自然、難以持續、綁手礙腳的。

但最大的問題還是在於「物極必反」，這也是過度標榜、奉行儒家與道家思想的流弊：儒家的憂勤雖然好，但一過度，就會翻轉成為「苦」；道家的澹泊雖然高，但一過度，也會翻轉成為「枯」。這也是我們應該避免的。

交還烏有先生，不問白衣童子

損之又損，栽花種竹，盡交還烏有先生；忘無可忘，焚香煮茗，總不問白衣童子。

一再減少心中的物質欲望，每天種些花栽些竹，把世間的一切煩惱都交還烏有先生，拋到九霄雲外；腦海中已經沒有什麼再可以忘記的東西，每天就焚香煮茶，也懶得問送酒來的白衣童子是何許人，而進入完全忘我的境界。

今滋味

栽花種竹、焚香煮茗要比釣魚和下棋來得高雅，但在做這些活動時，還是要拋開煩惱、渾然忘我，才是真正的臻於化境。「烏有先生」是司馬相如《子虛賦》裡的虛構人物，「白衣童子」是重陽節時送酒來給陶淵明的神祕人物，「交還烏有先生」與「不問白衣童子」，正表示當事者已經忘無可忘，而臻於化境，怡然自得。

輯四

破迷除障的紅塵修行

降伏客氣與妄心，恢復正氣與真心

矜高倨傲，無非客氣，降服得客氣下，而後正氣伸；情欲意識，盡屬妄心，消殺得妄心盡，而後真心現。

今滋味

一個人所以會驕矜高傲，無非是來自浮誇的習氣，只有消除這種不良的習氣，光明正大的浩然之氣才會出現。一個人的欲望和意念，都是來自虛幻無常的妄心，只要能消除這種虛幻的妄心，自然能顯現清淨的真心。

儒家認為，每個人內心原都有一股光明正大的正氣，但受後天浮誇習氣的影響，而變得在意利害得失；個人修身應以降伏客氣，伸張正氣為目標。佛家認為，每個人內心原都有一顆清淨自在的真心，但受後天欲望妄念的影響，而變得貪嗔癡；個人修行應以消除妄心，顯現真心為宗旨。兩家的說法非常類似，但儒家的正氣是否就等於佛家的真心，那就要看你怎麼想。

完成三個目標的三個要求

不昧己心，不盡人情，不竭物力。

三者可以為天地立心，為生民立命，為子孫造福。

不違背自己的良心，不做絕情絕義的事，不竭盡物資財力，具備了這三件事可以為天地樹立合乎自然的心性，為百姓確立安身立命的指南，為後世子孫創造幸福。

今滋味

北宋的張載說士大夫要「為天地立心，為生民立命；為往聖繼絕學，為萬世開太平」。對普通人來說，後面兩個目標太過遙遠，還是「為子孫造福」比較實際。但要如何達到所說的三個目標，洪應明提出的三個要求：對自己要不違背良心，對他人不能做絕情絕義的事，對世界要不耗盡（珍惜）物資財力，卻也是現代公民在個人修為、待人處世方面應該有的準則。

管控好欲理路上的腳步

欲路上事，毋樂其便而姑為染指，一染指，便深入萬仞；理路上事，毋憚其難而稍為退步，一退步，便遠隔千山。

欲望方面的事，不要因為貪圖方便而姑且隨意沾染，一旦沾染，就會墜入萬丈深淵。義理方面的事，也不要因為害怕困難而稍做退縮，一旦退縮，就會與真理相隔萬水千山。

今滋味

儒家的宋明理學主張「去人欲，存天理」，這裡的「人欲」指的是山珍海味、三妻四妾等非本能的人為（後天）欲望，而「天理」則是由性善與良知衍生出來的對公平、正義、理想社會的渴望。人欲與天（義）理多少都是人所嚮往的，但卻會互相限制與阻礙，我們很容易掉進人欲的誘惑坑洞，而在邁向義理的路上舉步維艱；想要有更高更好的人生，就要管控好自己在欲理路上的腳步。

反省欲望的最佳時刻

一燈螢然，萬籟無聲，此吾人初入宴寂時也；曉夢初醒，群動未起，此吾人初出混沌處也。乘此而一念迴光，炯然返照，始知耳目口鼻皆桎梏，而情欲嗜好悉機械矣。

一盞孤燈如螢光閃爍，整個世界空寂無聲，這是我們的身心剛剛要進入休息的時候；拂曉從夢中醒來，人們還沒有開始一天的活動，這是我們剛剛走出混沌境地的時候；若能在這剛剛休息和剛剛醒來的當下，讓心念在迴光返照中冷靜思考，才能曉悟眼耳口鼻都是束縛我們的鐐銬，而情感欲望嗜好都是制約我們的器械。

今滋味

在剛剛休息和剛剛醒來，也就是意識要進入轉換狀態時，如果能冷靜反省，最容易醒悟：我們每天都在為欲望而忙碌，能得到滿足固然高興；但無法獲得滿足的失望也許更多。而且這次獲得滿足了，下次卻需要更大的量才能有同樣的欣喜。它雖是生命的驅動力，但其實也是人生的桎梏。我們還要受它們制約到何時？

以洞識和毅力節制私欲

勝私制欲之功，有曰識不早，力不易者，有曰識得破，忍不過者。蓋識是一顆照魔的明珠，力是一把斬魔的慧劍，兩不可少也。

今滋味

對戰勝私情、克制欲望的工夫，有人說沒能及早發現其危害，又沒有堅定的毅力去控制；有人說雖然能看清其危害，卻又忍受不了誘惑。其實，一個人的洞識是照亮妖魔的明珠，毅力是斬殺妖魔的慧劍，想要戰勝私情和欲望，兩者缺一不可。

很多欲望都是與生俱來的天性，把它們都說成妖魔其實有點誇張，「制欲」並非要「斬妖除魔」、對欲望的斷捨離，而是要懂得駕馭與節制它們。我們不必排斥欲望所提供給我們的快樂，而是要像諾貝爾文學獎得主赫曼．赫塞所說：「有節制的快樂，是雙重的快樂。」除了因滿足而快樂外，更因知所節制、自覺有尊嚴而得到另一種快樂。而要知所節制，當然還是需要相當的洞識與毅力。

欲望是馬，而你是騎師

念頭起處，才覺向欲路上去，便挽從理路上來。一起便覺，一覺便轉，此是轉禍為福、起死回生的關頭，切莫輕易放過。

今滋味

當心中欲念剛一浮起，發覺自己正往逞欲之路上走時，就應該立刻用理智把它拉回正路上來。欲念一起就立刻警覺，有所警覺就立刻轉頭，這正是轉禍為福、起死回生的緊要關頭，千萬不可以輕易放過。

對於不當的欲望，要求自己不能起心動念，也許比較困難；但在它還只是星星之火時，馬上撲滅它則比較容易。這就好像騎馬，欲望是馬，而你是騎師，當馬剛走進岔路時，你立刻拉動韁繩，策馬轉頭，即可將牠導向一個更明智的方向；等到牠走到半路，或在窄路上開始奔跑時，才想要拉牠回頭，不只困難重重，而且還可能因此失足跌倒。

像對家人般對待你的欲望

耳目見聞為外賊，情欲意識為內賊。只是主人翁惺惺不昧，獨坐中堂，賊便化為家人矣。

耳朵所聽見眼睛所看到的刺激是身外的盜賊，七情六欲與思想活動則是身內的亂賊。但只要這個色身的主人能保持警覺清醒不愚昧，嚴謹地坐鎮中樞，內外群賊就難以為害，還被歸化為自家人。

今滋味

外在的刺激與內心的蠢動是我們在面對欲望時的兩大挑戰，但不想淪為欲望的奴隸，那就要成為欲望的主人，像對待家人一樣，應該尊重、珍惜你的欲望，要讓它們得到適度的滿足，而非讓它們挨餓受凍；更不可動不動就監禁、鞭笞它們，而是要給予適度的約束和調教，讓它們得到有尊嚴的快樂與滿足。

面臨考驗時，做出應有的選擇

寧守渾噩而黜聰明，留些正氣還天地；
寧謝紛華而甘澹泊，遺個清名在乾坤。

寧可保持渾然純樸的本性而摒除機詐乖巧的聰明，保留一些剛正之氣還給天地；寧可拋棄世俗的榮華富貴而甘於淡泊恬靜，在塵世裡留一個純潔高尚的清名。

今滋味

在聰明與渾噩間，洪應明勸大家選擇渾噩；在紛華與澹泊間，勸我們選擇澹泊；這是在呼應他一貫的立場，似乎也是一種消極無為的人生觀。但做這種選擇的用意卻是為了「留正氣」與「遺清名」，所以，他的「無為」應該是「有所不為」，不是不分青紅皂白地排斥聰明與榮華富貴，而是如果違背自己的真心、良知或底線，那他寧可放棄這樣的聰明與榮華，我想，這才是他做這種選擇的主要考量，也是我們在面對同樣情況時應該有的態度。

如何通過三種情境的考驗

風斜雨急處，要立得腳定；
花濃柳豔處，要著得眼高；
路危徑險處，要回得頭早。

今滋味

在急風暴雨的動盪局面中，要站穩自己的立場；在花濃柳豔的誘人環境中，要眼界高遠以免被沖昏了頭；在狹窄危險的崎嶇世路上，要及早回頭以免深陷其中。

風斜雨急、花濃柳豔、路危徑險三者都是比喻，分別代表動盪的局面、誘人的環境與崎嶇的世路，這三種情境都各有危機與考驗，我們想要安然度過，就需要有不同的修為：要在風雨飄搖中堅定自己的立場、站穩腳步；在聲色犬馬的誘惑中抬高眼界、想到更美好的未來；在崎嶇世路的危險中懸崖勒馬、及時回頭，這樣才能通過考驗，步上坦途。

見多識廣，培養氣度和品德

德隨量進，量由識長，故欲厚其德，不可不弘其量；欲弘其量，不可不大其識。

今滋味

人的品德會隨著氣度而增進，氣度又會隨著見識而增長。因此，想要提高自己的品德，就不能不使自己氣度寬大；而要想氣度寬大，就不能不廣闊自己的見識。

見多識廣的人，眼界較為開闊，觀察力和判斷力也比常人為高，氣度也會隨之寬大；而氣度寬大，不只對是非曲直、善惡真偽能有較全面的考量，也有助於自己品德的提升。但要如何見多識廣呢？「讀萬卷書，行萬里路」，從古今中外名人的人生心得及實地的見聞與閱歷中吸取經驗，並將靜態閱讀和動態經驗相互驗證，是愉快而又有效的方法。

當然，也有人因見多識廣，而認為道德只是一個可以善加利用的幌子；這的確讓人遺憾，也應該小心分辨防範。

讀書要神會，觀物要心融

善讀書者，要讀到手舞足蹈處，方不落筌蹄；善觀物者，要觀到心融神洽時，方不泥跡象。

今滋味

善於讀書的人，要讀到歡喜雀躍、不禁手舞足蹈起來，這樣才不會掉入文字的窠臼；善於觀察事物的人，要觀察到心思精神都與事物融合為一，這樣才不會只拘泥於表象。

讀書與觀察是讓我們見多識廣的兩個重要途徑，讀書要讀到能手舞足蹈，必須對書中所言不僅心領，而且還能神會，除了直覺被打動外，還需動腦思考，跟自己過去的經驗或讀過的書相比較，得到新的領會與啟發，而為之歡喜雀躍。

觀察事物也跟讀書一樣，我們只有全神貫注於眼前的對象中，與它們融為一體，才能深入事物的本質，掌握其核心要義，成為充實自己人生的利器。

讓閱讀發揮它實際的功效

讀書不見聖賢，為鉛槧傭；講學不尚躬行，為口頭禪。

讀書如果不能和書中的聖賢見面交流，那就好像一個抄書匠。只會談論學問卻不注重身體力行，那就像一個只會念經說禪的和尚。

今滋味

「見聖賢」不只是要懂得學習書中的聖賢之道，更要像是在作者（也是聖賢）的陪伴下一起閱讀，或者就像他在你身邊對你說話一般。你可以跟他面對面做心靈的交流，對他提出你的疑問，或者在若有所悟地從書中抬起頭來，就彷彿看到他在身旁對你露出理解的笑容，這樣你才能含攝書中所言，成為你自己的營養。

而最實際的功效不只是吸收書中所言，或在讀後說給別人聽，而是要身體力行，以行動來表明你對作者在書中所說道理的認同。

讀書為學要講求真實造詣

學者要收拾精神，併歸一路。如修德而留意於事功名譽，必無實詣；讀書而寄興於吟詠風雅，定不深心。

求學問一定要去除雜念集中精神，專心從事研究；如果在修業進德中又留意於功名利祿，必然不會有什麼真實造詣；如果讀書只是對吟詠詩詞的風雅之事感興趣，那一定會顯得浮淺而缺乏深度。

今滋味

「學以致用」這樣的觀點並沒有錯，只是古人認為讀書學習就是為了博取功名利祿和創作風雅詩文這兩種用途，未免太過狹隘與淺薄。現代人讀書學習，除了要收拾精神外，更要擴大視野、兵分多路，以滿足好奇心和求知欲、提高我們的精神層次、增進對宇宙和人間事物的了解、為周遭問題帶來實質有效的解決方法等等為目的，那才是讀書為學真正有深度的造詣。

領會琴書的弦外之聲、言外之意

人解讀有字書，不解讀無字書；知彈有弦琴，不知彈無弦琴。以跡用，不以神用，何以得琴書之趣？

今滋味

人們只知道要讀有字的書，卻不知道要讀無字的書；只曉得彈奏有弦的琴，卻不曉得彈奏無弦的琴。只知道運用有形的東西，卻不能領悟其中的神韻，這樣怎麼能理解琴書中的雅趣呢？

從洪應明所說的「神用」（領略文字之外的神韻）可知，他所說的「無字書」指的應該是一本書文字之外的含意，就像禪宗的《指月錄》，書的內容只是手指，手指所指的月亮才是精髓。這跟接下來所說的「無弦琴」是互通的，傳說陶淵明不解音律，卻有一把無弦琴，每有所感，就撫琴抒發己意，而有「但識琴中趣，何勞弦上聲」之說。言外之意、弦外之聲，才是我們應該用心去品味的。

説話與行動，都要受心的管控

口乃心之門，守口不密，洩盡真機；意乃心之足，防意不嚴，走盡邪蹊。

嘴巴是傳達心意的大門，守口不密就會洩漏心中的祕密；意念是表現心靈的雙腳，提防意念不夠嚴密，就會走進邪路歪道。

今滋味

「是非只因多開口」，心直口快並不是什麼優點，但一個人會說出什麼話，其實都是由內心決定的，因為嘴巴只是心靈的代言人。孔子說：「君子欲訥於言而敏於行。」要想說話緩一點、慎重一點、少一點，有賴於心靈的管控。而行動，同樣也是受到心靈的管控，遇到事情隨著自己的意念而行，看似灑脫，但很容易就會變成恣意妄為；不管做什麼，我們心中都還是要有必須固守的原則和底線，要以它來控管我們的意念，才不會一時失察，而做出後悔莫及的事。嘴巴要怎麼說，意念要怎麼走，都應該由心來決定。

虛心才能明理，實心才能卻欲

心不可不虛，虛則義理來居；
心不可不實，實則物欲不入。

人的內心不可不謙虛，只有謙虛才能接納真正的真理學問；人的內心也不可不充實，只有充實才能不讓物欲乘虛而入。

今滋味

我們的心非常奧妙，它具有老子所說的「有無相生、虛實相成、大小相較」的特性，也就是它可以有也可以無，可以實也可以虛，可以大也可以小；不拘一格、相當靈活，重點是在該虛的時候就要虛，該實的時候就要實；該大的時候就要大，該小的時候就要小，這才是做人該有的智慧。

在平常時候，我們應該要放空心思，虛懷若谷，這樣才能接納新的知識和別人的意見；但在面對誘惑時，就要以價值觀和信念堅實自己的心志，讓誘惑不得其門而入，這才是最好的「一心二用」。

吹散心頭迷霧，讓真心現真境

人心有個真境，非絲非竹而自恬愉，不煙不茗而自清芬。須念淨境空，慮忘形釋，才得以游衍其中。

今滋味

人的心中有一個真實的妙境，不是絲竹琴笛，卻能自有恬靜愉悅的音樂；也不是香煙茗茶，卻能自有清新芬芳的氣味。一個人必須意念澄淨，心境虛空，忘記憂思愁慮，解脫形體束縛，才能自如悠遊於這種妙境中。

本文所說的真境，跟禪宗所說的真心（自性）有點類似，它「本自清淨，本不生滅，本自具足，本無動搖，能生萬法」，但平日卻被個人知見與情緒所形成的識心（為根塵相遇、因緣而生也因緣而滅的無常產物，所以又稱為妄心）所遮染。我們只有去妄存真，吹散妄心所產生的迷霧，讓「念淨境空，慮忘形釋」，才能使真心顯現，而自在悠遊於它所形成的真境中。

息心了意，重現清淨自在

心虛則性現，不息心而求見性，如撥波覓月；意淨則心清，不了意而求明心，如索鏡增塵。

內心保持虛靜，本性自然顯現，不平息心念而尋求顯現本性，就好像撥開水波尋找月亮一樣徒勞；意念保持澄淨，心靈自然清明，不能了卻意念而尋求心靈清明，就好像索取鏡花卻反而增加灰塵一樣枉然。

今滋味

明心與見性是佛家（禪宗）的說法，要平息的「心」是因個人感官知覺與見聞知見而形成的識心，要了卻的「意」是因個人七情六欲與受想行識而產生的妄念。它們遮染了我們的真心，只有吹散遮蔽的迷霧，清洗受到的汙染，息心了意，去除識心與妄念，才能明心見性、反璞歸真，讓真心與自性顯現，重拾清淨自在。這是禪或佛家的修行重點。

前念不滯，後念不迎

今滋味

今人專求無念，而終不可無。只是前念不滯，後念不迎，但將現在的隨緣打發得去，自然漸漸入無。

當今之人一心想追求心中沒有雜念，但終究難以達到心無雜念的地步。其實，只要以前的雜念不滯留心中，對於未來又不生雜念，將現在的雜念隨著機緣一點點打發掉，那麼，自然就漸漸達到心無雜念的境界。

內心如槁木死灰般不要有任何念頭（無念），不僅做不到，而且搞錯了方向。有一位臥輪禪師作了一首偈子：「臥輪有伎倆，能斷百思想；對境心不起，菩提日日長。」禪宗六祖惠能認為這樣反而會增加束縛，他又作了另一首偈子：「惠能沒伎倆，不斷百思想；對境心數起，菩提作麼長？」正是這個意思，所謂「心數起」就是用一個個新生的念頭打發掉前面的念頭，而達到「心無所住」的境界。

在寧靜悠閒淡泊中觀心證道

靜中念慮澄澈，見心之真體；閒中氣象從容，識心之真機；淡中意趣沖夷，得心之真味。觀心證道，無如此三者。

寧靜時，意念思緒清澈，才可以發現心性的真正本體；閒暇中，氣度舒暢從容，才能認識心性的真正玄機；淡泊時，意趣清淨平和，才可以體會心性的真正品味。想觀照心性印證至道，沒有比這三種方法更好的了。

今滋味

心的真體是澄澈的，真機是從容的，真味是沖夷（平和）的。洪應明說我們只有在寧靜、悠閒、淡泊的時候才能發現、認識、體會心的真體、真機與真味；其實，真心原本就是寧靜、悠閒與淡泊的，當我們去除俗慮與妄念後，自然就會讓真心顯現，產生寧靜、悠閒與淡泊的感覺；它跟洪應明所說乃是互為因果、相輔相成的。

除去讓人苦惱的三種因素

天運之寒暑易避，人世之炎涼難除；人世之炎涼易除，吾心之冰炭難去。去得此中之冰炭，則滿腔皆和氣，自隨地有春風矣。

大自然的寒冬炎夏容易躲避，人世間的炎涼冷暖卻難以消除；人世間的炎涼冷暖即使容易消除，積存在我們內心的恩恩怨怨卻不易排除。如果能排除積壓在心中的恩恩怨怨，那祥和之氣就會充滿胸懷，到處都吹著讓人愉快的春風。

今滋味

自然的寒暑、人世的炎涼、內心的冰炭分別代表讓人苦惱的三種因素，前兩者屬於外在因素，是我們難以掌握甚至完全無法改變的，我們唯一能掌握和改變的就是自己內心的想法。所以，想要解除苦惱，在個人修為上能做的第一步就是改變自己對人對事的看法，當你的看法改變了，你對人世炎涼和自然寒暑的看法也就會跟著改變，最少，不會再像以前那樣讓你苦惱。當然，這又和洪應明的結論相同。

確立我與物的主從關係

以我轉物者，得固不喜，失亦不憂，大地盡屬逍遙；以物役我者，逆固生憎，順亦生愛，一毛便生纏縛。

今滋味

能以我為中心來支配運用一切事物的人，得到了固然不必高興，失去了也不至於憂愁，天地到處都可逍遙自在；以物為中心而受外物奴役的人，遭遇逆境心中就產生怨恨，處於順境卻又愛戀不捨，如此雞毛蒜皮的小事便會使身心受到束縛困擾。

這有點類似莊子所說的「物而不物，故能物物」，使用外物而不為外物所役使，所以能主宰天下萬物。在以我轉物時，我成了一切外在事物的主宰，它們的價值和意義都由我來決定，只要我還存在，外在事物來來去去，得與失其實都沒有什麼大不了。但如果讓外在事物成為中心，我就會淪為它們的奴隸，身不由己地被它們牽著鼻子走。

去除心中的混濁與苦惱

水不波則自定，鑑不翳則自明。故心無可清，去其混之者，而清自現；樂不必尋，去其苦之者，而樂自存。

今滋味

水面如果沒有被風吹起波浪，自然是平靜的；鏡子如果不被塵土遮蔽，自然是明亮的。所以，人的心靈也沒有必要刻意去清洗，只要除去混雜的汙穢念頭，就自然能呈現清淨的心靈；生活也不必刻意去追求什麼快樂，只要除去不必要的苦惱，就自然能保有快樂的生活。

禪宗公案：一位和尚問：「如何是一塵？」林泉禪師答：「不覺成山丘。」一塵，就是俗慮、私欲、邪念、沾染、煩惱、痛苦，如果不加以清理，不知不覺就會積累成像山丘般龐大，不僅蒙蔽了我們的心靈，而且感到無比沉重。要想恢復內心原本就有的清淨與快樂，的確需要「時時勤拂拭，不使惹塵埃」。

冷靜應對讓人激動的事

君子宜淨拭冷眼，慎勿輕動剛腸。

君子應該擦亮眼睛冷靜觀察，千萬不可輕易萌動剛烈的脾性。

今滋味

性情剛烈雖然也可說是一種人格優點，但如果用錯地方，遇到不如意或看不慣的事情就暴跳如雷、急躁衝動，往往就會失去理智，而做出損人害己的憾事。其實大家也都知道，遇到不如意的事情，要先以冷靜、客觀的理性去觀察、判斷，然後再做出明智的反應。但要在非常情況下能鎮定自若，說來容易做來難，它有賴我們平日的修練：除了培養開闊的胸襟、淡定的心情外，不妨在心中摩想各種會讓自己情緒激動的場面，擦亮冷眼，耐心地反覆演練要如何應對。當真正的事態發生時，先深呼吸，慢個十秒鐘再作反應，沒有人會因為你的冷靜、慎重而瞧不起你。

在悠閒時培養淡定的心情

忙處不亂性，須閒處心神養得清；死時不動心，須生時事物看得破。

今滋味

要想在繁忙時刻不心慌意亂，必須在悠閒的時候養成清靜鎮定的心神；面對死亡時能安然不為所動，就要在活著的時候養成把一切事情都看開的心境。

閒暇時除了放鬆自己外，也應該把握多餘的時間拜訪自己，邀請「浮動的我」坐到「安靜的我」身邊，讓整個世界向你們走來，讓各種喜怒哀樂、紛亂、雜沓從眼前流過，「安靜我」牽著「浮動我」的手觀照，了了分明而又不動如山。多次練習後，你就能成為自己的主人，回到忙亂的外在世界裡，才能表現得更從容淡定。

死亡是人生最後的功課，如果平日就從容淡定、安詳自在地活著，那麼當死亡來臨時，自然也就能從容淡定定、安詳自在地面對它、度過它，為生命畫上一個圓滿的句點。

以事後悔悟來破除事前癡迷

飽後思味，則濃淡之境都消；色後思婬，則男女之見盡絕。故人常以事後之悔悟，破臨事之癡迷，則性定而動無不正。

今滋味

酒足飯飽後再回想美酒佳肴的滋味，這時所有的甘美滋味都化為烏有。顛鸞倒鳳之後再回想當時的酣暢，那男歡女愛的念頭也全部消失。因此，人如果能經常以事後的悔悟來破除面臨誘惑時的癡迷，心性就能安定，行為也無不合乎正道。

滿足欲望後，並不見得就會悔悟，但就像嬉皮詩人費林格提說：「每一種動物，在交配之後都是憂鬱的。」在飽饜欲望後，也不見得都是心滿意足，而有可能是感覺肉體的狼藉與心靈的空虛；一再耽溺於某些欲望，特別容易產生這種感覺。人不是豬，不能只靠耽溺於本能欲望來得到滿足，而應該將更多的時間用來追求自己的理想，那才是更有意義與更令人滿足的人生。

善用三種情境來充實自己

閒中不放過，忙處有受用；靜中不落空，動處有受用；暗中不欺隱，明處有受用。

在閒暇時不浪費時間，忙碌時就能夠受益；在寧靜中不落入空寂，動起來時就能夠得利；在私密的空間不欺騙隱瞞，在公開的場合就能受人尊重。

今滋味

這段話可以說是上段話的延伸。我們不只要在清閒時，做好明心定性的功課，以便能從容應對紛擾的世界；更要善用了無牽掛的安靜時刻，好整以暇地去熟習一種技能或知識，以備日後派得上用場。而在閒靜無人的時候多從事有益的活動，問心無愧，自然能培養出光明磊落的浩然之氣，在公開場合除了能更從容淡定外，還會讓人感受到一股懾人的自我尊嚴。

養成忙裡偷閒、動中有靜的本事

忙裡要偷閒，須先向閒時討個欛柄；鬧中要取靜，須先從靜處立個主宰；不然，未有不因境而遷，隨時而靡者。

今滋味

如果想在忙裡能偷閒，必須要在空閒時提前做好安排和打算；如果想在鬧中能取靜，就必須要在清靜時先有一個主張；否則，遇到事情就會被牽著鼻子走，手忙腳亂，弄得一團糟。

為什麼有人能忙裡偷閒、動中有靜？有人認為那是因為他們習慣了忙與動，所以從中生出閒與靜來。但就像老子所說的「重為輕根，靜為躁君」，穩重是輕浮的根本，寧靜是浮躁的主宰；忙與動（輕浮與浮躁）並不能生出閒與靜，反而是閒與靜才是它們的根本。我們只有在閒與靜中培養出安定與穩重，才能在忙裡偷閒、動中有靜；也就是從容淡定需在閒與靜中「養成」，到忙與動中去接受「磨練」。

旁觀者戒迷，當局者要清

議事者，身在事外，宜悉利害之情；任事者，身居事中，當忘利害之慮。

議論事情的人，因自己是在事情的狀況外，應該先盡量了解事情的曲直與利害關係；做事的人，因自己處於事情之中，就應當完全拋棄個人的利害得失。

今滋味

有人說：「離事情愈遠的人，就會把事情看得愈簡單，認為明明有個很好的解決辦法，為什麼大家都沒想到？」雖然有諷刺意味，但其實也相當符合事實。一個局外人，對事情霧裡看花，根本不知道箇中的複雜糾葛，又牽涉到多少利害關係？哪有說你想怎麼辦就怎麼辦那麼容易？所以，對自己沒有深入了解的事情，最好不要在一旁說風涼話，否則只會讓人看清你的見識淺薄。至於本身是要解決事情的人，那也不必在意旁觀者的閒言閒語，專心去理出頭緒，一步步讓問題獲得合理的解決才是正途。

以耐性撐過坎坷的險境

今滋味

語云：「登山耐側路，踏雪耐危橋。」一「耐」字極有意味。如傾險之人情，坎坷之世道，若不得一「耐」字撐過去，幾何不墮入榛莽坑塹哉？

俗語說：「爬山要耐得住險峻的斜坡路，走雪路要耐得起危險的橋樑。」這一個「耐」字可說意味深長，面對危險奸詐的世間情，坎坷不平的人生路，如果沒有這一個「耐」字苦撐過去，有幾個人能不墜落雜草叢生的深溝裡呢？

常聽人說：「看你有多大能耐？」這個「能耐」指的不只是本領、能力，還有在逆境中將這種能力持續多久的韌性。其實，韌（耐）性本身也是一種能力，愈有韌性，度過難關的機會就愈大。另外，明朝大儒黃宗羲說：「士大夫不耐寂寞，何所不至？」當今之世，不只士大夫，對一般人來說，因為耐不住寂寞，而做出種種苟且之事，恐怕是我們更應該留意的。

耐心磨練，靜待最佳時機

磨礪當如百煉之金，急就者，非邃養；施為宜似千鈞之弩，輕發者，無宏功。

磨練身心要像煉鋼一樣反覆陶冶，急著想成功的人不會有高深修養；想有所作為要像拉開千鈞的大弓一般，隨便發射就不會有宏大的功效。

今滋味

所謂「大器晚成」、「不鳴則已，一鳴驚人」，想成就大事業就不必急於一時，要懂得等到最佳時機才出擊。心理學的追蹤調查顯示，在四歲時即懂得「延遲滿足」（不能馬上得到一顆糖果，但等到某人回來時卻可拿兩顆糖果）的小朋友比起「迫不及待」（立刻得到糖果，但只能有一顆）者，在長大後不僅學業成績較好、社會適應能力較佳，而且對困難有較大的堅忍度；這些也都是成就大事業者必須具備的特質。由此可知，勝利屬於能耐心等待的人，延遲滿足才能得到更大的滿足。

歡迎上天對我的虧待

天薄我以福，吾厚吾德以迓之；
天勞我以形，吾逸吾心以補之；
天阨我以遇，吾亨吾道以通之。
天且奈我何哉？

上天使我的福分淡薄，我便增加我的品德來迎接它；上天讓我的形體勞苦，我便安逸我的心靈來彌補它。上天使我的際遇困窘，我便擴充我的道德來通達它。這樣上天豈能奈何得了我？

今滋味

俗語說：「沒有壓力，就沒有鑽石。」在面對種種厄運與逆境時，如果能換個想法，不再認為那是上天虧待你，而是上天在給你機會，想要磨練你，就像孟子說：「天將降大任於斯人也，必先苦其心志，勞其筋骨，餓其體膚，空乏其身，行拂亂其所為，所以動心忍性，增益其所不能。」懷著愉快的心情迎接它們，自我砥礪，那必然能學到很多，讓生命獲得提升。

成功，屬於經得起打擊的人

耳中常聞逆耳之言，心中常有拂心之事，才是進德修行的砥石。若言言悅耳，事事快心，便把此生埋在鴆毒中矣。

耳中經常聽到不中聽的話，心中經常有不順心的事，這才是提高道德修養、陶冶品行的砥石。如果聽到的話句句悅耳，遇到的事件件稱心，那就等於把一生葬送在毒藥中了。

今滋味

美國小說家涂爾，十六歲時就寫了第一本小說《霓虹聖經》，但沒有出版商感興趣。大學畢業後，又寫了另一部小說《笨蛋聯盟》，還是沒有人想出版。在四處碰壁後，他罹患了憂鬱症，而在一九六九年自殺身亡，年僅三十二歲。但他母親不死心，拿著《笨蛋聯盟》四處推銷，最後終於獲得一家出版社的青睞，不僅出版，而且出版後大獲好評，得到一九八一年的普立茲獎。成功，屬於經得起打擊的人。

苦與樂相磨練，疑與信相參勘

一苦一樂相磨鍊，鍊極而成福者，其福始久；一疑一信相參勘，勘極而成知者，其知始真。

今滋味

人生路上，經過困苦與快樂的交替磨練，磨練到極致所獲得的幸福，幸福才會長久；追求知識時，經過相信和懷疑的交替驗證，探索到最後所獲得的知識，才是真正的知識。

一苦一樂相磨練，就好像洗三溫暖時的冷熱水交替，熱水讓血管舒張，冷水讓血管收縮，藉此可促進血液循環和新陳代謝，增強身體抵抗力。想在塵世得到長久的幸福，心志也要經過類似的苦樂磨練。相信與懷疑亦復如是，只有通過懷疑的檢驗然後相信，才能真正相信，也才是真正的知識。一個追求真正知識的人，不是能為每個問題找到答案，而是能對每個答案產生疑問，然後熱情地去加以驗證者。

居安宜慮患，處變當堅忍

衰颯的景象，就在盛滿中；發生的機緘，即在零落內。故君子居安宜操一心以慮患，處變當堅百忍以圖成。

蕭瑟衰敗的景象往往在早期的繁盛圓滿中見到端倪，蓬勃的生機也在秋冬的凋零中即已孕育。所以君子在平安無事時，應該保持防範禍患發生的思慮；在變亂災難中，應當咬緊牙關堅定信念謀求最後的成功。

今滋味

人世多「由盛而衰」的景象，而自然界則是「冬去春來」的氣象，老子由此悟出「有無相生，難易相成，高下相傾，禍福相倚」的哲理，有識之士應該洞燭先機，在人生高潮的時候不要樂昏了頭，要為接下來的困難未雨綢繆；在人生低潮的時候不要氣餒，要為接下來的成功勉力前行。

將美德局限在合理的範圍內

儉，美德也，過則為慳吝，為鄙嗇，反傷雅道；讓，懿行也，過則為足恭，為曲謹，多出機心。

今滋味

節儉，是美好的品德，但過分了就淪為小氣，變成吝嗇，反而傷害了高雅正道；謙讓，是美好的行為，但過分了就變成十足恭維，成了曲意謹慎，而且多半是出於別有目的的機心。

為人處世，最難的是要恰到好處。孔子說：「夫禮所以制中也。」禮就是讓行為表現得恰到好處的一個規範，節儉與謙讓雖然是美德懿行，但也要受到禮的規範，有禮有節、近情近理，才能恰到好處。如果太過分，不只「非禮」，而且可能出於不好的居心，譬如過度謙讓，就像拉羅什福柯所說：「拒絕表揚，是想得到第二次表揚。」

讓才氣散發「德行之美」

節義傲青雲，文章高〈白雪〉，若不以德性陶鎔之，終為血氣之私、技能之末。

氣節和正義可以傲視達官貴人，高妙的文章勝過〈陽春白雪〉，但如果不用良好的品德來陶冶，那氣節和正義不過是意氣用事或感情衝動，高妙的文章也只是微不足道的雕蟲小技。

今滋味

就好像黏土和礦物必須經過陶冶，才能成為精美而又實用的陶器與金屬製品，人的七情六欲與各種技能，也要經過德行的陶冶、化育，才能去蕪存菁，臻於更加理想的境界，散發出德行的芬芳與光采，我們可以稱之為「德行之美」，不只讓個人受到尊重，世人與社會同享其惠，而且還能像欣賞某種高雅、精緻的藝術品，讓我們的生活品味獲得提升。

紅塵修行的兩個階段

把握未定，宜絕跡塵囂，使此心不見可欲而不亂，以澄吾靜體；操持既堅，又當混跡風塵，使此心見可欲而亦不亂，以養吾圓機。

當意志的掌控還不夠堅定時，就應該遠離物欲環境的誘惑，讓自己看不見物欲的誘惑，心神才不會迷亂，這樣才能淨化、領悟自己清靜的心體；等到意志堅定可以自我控制時，就要讓自己到風塵中接觸各種事物，即使看到可欲的誘惑，心神也不會迷亂，這樣才可以培養自己圓通無礙的心智。

今滋味

這是一種修身或修行的「二階段論」：在第一階段，要先加強個人定力與自律的功夫，此時不宜接受外在刺激，以免把持不住。在第二階段，等到有了足夠的定力與自律，就要去接受外在刺激的挑戰與磨練，在通過考驗後，才能淡定地行走於花花世界，遊刃有餘地做自己想做的事。

兼具木石心腸與雲水趣味

進德修道，要個木石的念頭，若一有欣羨，便趨欲境；濟世經邦，要段雲水的趣味，若一有貪著，便墮危機。

今滋味

在進德修業、磨練心性時，必須要有木石般堅定的意念，一旦對外界的榮華有所羨慕，那就會奔向物欲的境地；在治理國家、服務社會時，必須要有雲水僧人般的淡泊雅趣，一旦有貪圖權位富貴的念頭，就會掉進危機四伏的險惡深淵。

「木石心腸」通常是句貶語，指一個人心腸冷硬，不為情感所動。對他人如此，當然是讓人心寒；即使是對待自己，也是太過；但對名利聲色的誘惑，確實需要如木石般不為所動，方可減少很多掙扎紛擾。「雲水趣味」雖然高雅，但用在濟世經邦上，很可能就會像魏晉名士的清談誤國，唯獨在看淡權位富貴上頭，正需要有這種趣味。

可以讓人期待的理想境界

名根未拔者，縱輕千乘甘一瓢，總墮塵情；客氣未融者，雖澤四海利萬世，終為剩技。

今滋味

一個人追逐名利的念頭如果沒有從根柢徹底拔除，即使他能輕視榮華富貴而甘願過清苦的生活，最後還是無法逃避世俗名利的誘惑；一個人如果不能從內心化解外力影響，那即使他的恩澤能廣被四海留芳萬世，終究還是一種多餘的技倆。

要徹底拔除名利的念頭，完全不受外力的影響，我覺得這是一個太好的理想、太高的期待（或要求），雖然令人難以反駁，但這就好像後來的儒家希望每個人都能以做「聖人」為人生目標一樣，即使不是有意說大話，但卻難免讓人感到尷尬。而且把「澤四海利萬世」說成「剩技」，未免「太酸」！我覺得大家最好把標準放低一點，盡力而為即可。

輯五

真摯寬容的人我關係

幸福的家庭就是人間天國

家庭有個真佛，日用有個真道。人能誠心和氣，愉色婉言，使父母兄弟間形骸兩釋、意氣交流，勝於調息觀心萬倍矣。

今滋味

每個家庭裡都有一尊真正的佛，日常事物中也都有真正的道理。每個人若能用心誠摯、態度和藹、神情愉快、說話溫柔，讓父母手足間相處融洽，沒有任何隔閡，而且水乳交融，那這種雍容祥和，就勝過調息觀心的修行千萬倍。

禪宗有個故事：楊黼為求道而遠赴四川，想去追隨一位活菩薩。途中一位老和尚勸他「與其找活菩薩，不如去見真活佛」，而要他往回走。楊黼在回到家後，才發現母親就是老和尚所描述的「真活佛」。因此大悟，留在家裡奉養母親，成了他最好的修行。不只母親，其他家人也都是我們的真活佛，人間最大的幸福就是與家人甜蜜地生活在一起，但多數人卻迷失了，在四處追尋落空後，才明白這個道理。

家，是說愛的地方

家人有過，不宜暴怒，不宜輕棄。此事難言，借他事隱諷之；今日不悟，俟來日再警之。如春風解凍，如和氣消冰，才是家庭的型範。

今滋味

家人難免會犯下過失，這時不宜暴怒責罵，也不宜輕易放棄。如果這件事不好明說，就借用其他事體來婉言相勸；如果今天不能醒悟，就等適當的來日再行勸誡。要像春風化解殘冬，和風消融冰雪般，才是處理家庭事務應該有的風範。

人與人相處，難免會產生摩擦，要對外人發脾氣，我們多少會有點顧忌；但對家人卻常按捺不住，結果，我們總是傷害到最親近的人。縱使對方有著千般不是、非常無理，在動怒之前最好先深呼吸，提醒自己：「家，不是講理的地方，而是說愛的地方。」要用親人間與生俱來的愛來化解各種衝突。

家人關係本乎天性，順其自然

父慈子孝，兄友弟恭，縱做到極處，俱是合當如此，著不得一毫感激的念頭。如施者任德，受者懷恩，便是路人，便成市道矣。

父慈子孝，兄友弟恭，就是做到了最完美的境地，也是應當如此，而不應心存一絲感激的念頭。如果施者自以為有德，受者自以為受惠，那彼此之間就成了路上的陌生人，親情也就變成市面上的買賣關係。

今滋味

親子與手足間的情感本乎天性，自然而然，沒有必要刻意去強調，不需靠諂媚、威嚇、獎勵與處罰來維繫。讓我們成為家人的不只是血與肉，還有心——希望對方快樂，彼此關懷與尊重的心意。現代社會裡的親子關係，尊重對方——讓他（她）去過自己嚮往的人生，頂多只是從旁引導、提供幫助，才是真正的關懷。

手足要互相肯定、扶持與疼惜

炎涼之態，富貴更甚於貧賤；妒忌之心，骨肉尤狠於外人。此處若不當以冷腸，御以平氣，鮮不日坐煩惱障中矣。

炎涼冷漠的心態，富貴人家往往更勝於貧賤的家庭；嫉妒猜忌的心理，手足骨肉之間經常要比陌生人來得狠毒。這時如果不能以冷靜的態度來面對，用平和的氣氛來駕馭，就會終日困守愁城、陷在煩惱的迷障中。

今滋味

如果說溫暖與甜蜜的感覺是衡量一個家庭幸福的指標，那很多富貴之家的確不如貧賤家庭，因為錢是難以買到溫暖與甜蜜的。而「本是同根生，相煎何太急」則說明了手足之所以相殘都來自因彼此競爭而產生的嫉恨，化解之道在於體認手足原是一體，只有互相肯定、欣賞、扶持與疼惜，才不會留下遺憾的內耗與自殘。

對待骨肉與朋友的不同方式

處父兄骨肉之變，宜從容，不宜激烈；遇朋友交游之失，宜剴切，不宜優游。

在面臨父母手足、骨肉至親間的糾紛或巨變時，應該保持沉著的態度，絕對不可以感情用事，用激烈的言行把事情弄得更糟。在跟朋友交往時，遇到朋友犯了什麼過失，應該親切誠懇地規勸他，不可任由他繼續錯下去。

今滋味

「骨肉之變」，不管是親人遭遇不幸或犯下大錯，我們的反應都會比一般人來得激烈，但這通常只會讓局面變得更混亂。如果是遭遇不幸，那就要理性面對，化悲傷為處理後續事宜的力量；如果是犯下大錯，那也不宜太憤怒、更不可偏袒，而是要耐心地開導，期待他能有所醒悟。

至於朋友犯錯，則要先關心、了解他為什麼這樣做，然後善意地規諫他，希望他改過自新；而不要認為事不關己地縱容，這樣才算盡到朋友的責任。

交友帶俠氣，做人存素心

今滋味

交友須帶三分俠氣，作人要存一點素心。

與朋友交往，要有三分俠義心腸；做人處事，要存有一顆赤子之心。

要想得到好朋友、真朋友，你就必須自己先夠朋友。真正的好朋友、夠朋友必須「有福同享，有難同當」，子路說他「願車馬輕裘與朋友共，敝之而無憾」，這是有福同享的極佳例子。對一般人，路見不平都要拔刀相助，朋友有難，當然更要兩肋插刀，才顯義氣與俠氣。孔子的一個朋友死了，沒有家人料理後事，孔子立刻說「於我殯」，由他出面替朋友辦喪事，這也是很好的示範。

「素心」指的應該是單純善良的赤字之心，在與人交往時，不管對方是誰，我們都要先放空自己，從單純善良的赤子之心出發，這也是應該秉持的健康態度。

對長輩和晚輩都心懷敬畏

大人不可不畏，畏大人則無放逸之心；小民亦不可不畏，畏小民則無豪橫之名。

對德高位顯的人不能沒有敬畏之心，能敬畏他們就不會有放縱自己的想法；對平民百姓也不能沒有敬畏之心，能敬畏他們就不會有傲慢蠻橫的壞名聲。

今滋味

今天的「大人」可以泛指德高望重的人，甚至年紀比我們大的長輩。我們要敬畏的不只是他們的權力、威望，還有他們的人格、經驗，甚至生命力；心存敬畏，不只可以讓我們保持謙卑，而且激發我們向他們學習的動機。

今天的「小民」不只是一般老百姓，也可以泛指年紀比我們小的晚輩。也許他們的經驗和成就不如我們，但絕不能心存輕鄙傲慢，我們要敬畏他們的年輕、夢想、辛勞、能匯集的力量、終將取代我們的必然，而對他們多一點寬厚仁慈。

留一步與人行，減三分讓人嘗

今滋味

徑路窄處，留一步與人行；滋味濃的，減三分讓人嘗。此是涉世一極安樂法。

走在狹窄的小路上要讓一步給人行走；遇到有利益的事，何妨分出三分讓人同享，這是立身處世的一種安樂法則。

「千里修書只為牆，讓他三尺又何妨？萬里長城今猶在，不見當年秦始皇。」這是康熙年間的張英大學士收到安徽老家的家書，因住宅基地和鄰居發生紛爭，希望張英能運用官場關係來打贏官司，張英在回信裡所附的一首詩。家人收信後覺得慚愧，而主動讓出三尺地基；鄰居見狀也跟著讓出三尺地基，結果在當地留下「六尺巷」的美談。

在與人交往時，總會因利害關係而產生衝突，但懂得退讓並非示弱，而是一種智慧的表現。

待人的三個基本原則

不責人小過，不發人陰私，不念人舊惡。三者可以養德，亦可以遠害。

不責備別人的小錯，不揭發別人的隱私，不惦念別人以前的惡行，這三者不僅可以培養品德，還能讓自己遠離禍害。

今滋味

這是對待他人的三個基本原則：第一、要懂得寬容。人非聖賢，誰能無過？特別是別人的小錯小過，不僅不應該責備，連計較都不必。第二，要懂得尊重。每個人都有隱私、不想讓人知道的事，我們不僅不應好奇地去窺探、打聽，即使知道了，也不能當眾揭露。第三，要懂得忘懷。跟我們互動的是現在的他，過去的他即使有種種不對，最好都拋諸腦後，用一顆乾淨、無邪的心和他交往。這樣待人自然不會與人結怨。

批評不可太嚴，要求不能太高

攻人之惡，毋太嚴，要思其堪受；教人以善，毋過高，當使其可從。

指責別人的過錯時不要太嚴厲，要考慮對方是否能夠承受；教導他人向善不可期望過高，要考慮別人是否能夠做到。

今滋味

當你評論他人時，你不只是在定義他們，更是在定義自己。你嚴苛地批評別人不對，對別人的要求太高，正表示你是一個嚴苛、要求過高的人；當然，你可能就是一個對自己很嚴苛、自我要求很高的人，才會「嚴以律己，嚴以待人」。但調查顯示，多數人其實都是「寬以律己，嚴以待人」的，他們以超高的道德標準來要求他人，卻輕輕放過自己、特別是認為自己因種種原因而做不到，都是可以原諒的。

你要對自己多「嚴」，別人無從置喙；但對別人的批評和要求，最好都能「寬」一點，這樣不僅他們才做得到，也有助於你的人際關係。

接納汙辱垢穢，包容善惡賢愚

持身不可太皎潔，一切汙辱垢穢，要茹納得；與人不可太分明，一切善惡賢愚，要包容得。

立身處事不可太清高潔白，對一切羞辱、委屈、毀謗、髒汙都要容忍才行；與人交往不要善惡好壞分得太清楚，不管是好人、壞人、智者、愚者都要包容才行。

今滋味

大海有兩個特徵：一是低下，所以能接納從四面八方而來、各式各樣的河川；一是寬闊，不管河水的緩急、清濁，它都加以包容，但又不受其汙染（稀釋它們），而在中心地帶永遠保持安寧與清淨。

我們在待人接物時，也應該如大海般謙下，而心胸則須像大海般寬闊，這樣才能接納塵世的汙辱垢穢，包容人間的善惡賢愚，不僅不會受其影響，隨之騷動，還能以自己的安寧之心去淨化他們。

說人是非者，便是是非人

人之短處，要曲為彌縫，如暴而揚之，是以短攻短；人有頑的，要善為化誨，如忿而疾之，是以頑濟頑。

今滋味

對別人的短處，要婉轉為他掩飾或規勸，如果加以曝露大肆張揚，那是在用自己的短處去攻擊別人的短處；對別人的頑固，要好好加以開導啟發，如果因生氣而厭惡他，那就像是在用自己的頑固去幫助對方的頑固。

別人有什麼短處或固執的地方，冰凍三尺，非一日之寒，一定有它複雜的原因，不想去了解就公開地妄加議論和指責，正是俗語所說的：「說人是非者，便是是非人。」只是在曝露我們自己的缺點和不明事理。如果不想別人公開地對我們妄加議論或指責，那麼「己所不欲，勿施於人」，我們也不應該如此對待別人。真正關心他，私下去了解原因並給予規勸，才是正途。

壞事不通融，壞人不妨留去路

鋤奸杜倖，要放他一條去路。若使之一無所容，譬如塞鼠穴者，一切去路都塞盡，則一切好物俱咬破矣。

在剷除邪惡、杜絕使心用倖的小人時，要放他一條出路。如果使得他沒有一個容身的地方，那就好比堵塞老鼠洞穴，將一切出路都堵塞殆盡，那麼為了尋找出路，一切好東西也都會被老鼠撕咬破壞了。

今滋味

這跟「斬草不除根，春風吹又生」、「除惡務盡」的說法似乎相違背，但人間事很少是絕對的，我們不僅無法滅絕所有的惡，即使做到了，也無人知道那是否就是更理想的社會。「窮寇莫追，投鼠忌器」、「網開一面」則是一種比較寬厚、慈悲的觀點，我們對壞事要堅決反對、不可通融，但對做了壞事的壞人，則在施予適當的懲處後，不妨放他一條生路，說不定他能因此改過自新，變成好人。

慈悲對待人與地，處處得真趣

人人有個大慈悲，維摩屠劊無二心也；處處有種真趣味，金屋茅簷非兩地也。只是欲蔽情封，當面錯過，使咫尺千里矣。

每個人都有一顆大慈悲心，維摩居士和屠夫劊子手的本性並沒有什麼不同；人間處處都有一種真正的情趣，金屋豪宅和草寮茅舍也沒有什麼差別。可惜人心被欲念和私情所封閉，以至當面錯過了慈悲與真趣，而產生差之毫厘失之千里的結果。

今滋味

「慈悲」一語雖來自佛教，但它跟孔子的「仁」、莊子的「齊物」在觀念上是互通的。大體而言，慈悲心就是平等心，人雖有貴賤賢愚，但各有其因，我們不僅不應差別看待，更要以同樣的歡喜與尊重對待他們。如能推而廣之，對所住的地方也具有同樣的慈悲心，認為金屋豪宅和草寮茅舍各有特色、同樣美好，那麼不管和什麼人在一起、置身何處，都能得到同樣珍貴的趣味。

與其責怪他人，不如反省自己

反己者，觸事皆成藥石；尤人者，動念即是戈矛。一以闢眾善之路，一以濬諸惡之源，相去霄壤矣。

經常自我反省的人，日常接觸的事物都能成為修身戒惡的良藥；經常責怪他人的人，只要念頭一動就成了傷人害己的武器。一個是通往眾善的途徑，一個是走向諸惡的源泉，相差真是天壤之別。

今滋味

事情發生的原因通常不一而足，當發生不好的事情時，如果眼光朝外，認為那都是別人的錯，雖然可保持自尊，但卻傷害到他人，結果反而為自己留下禍根；但如果眼光朝內，認為那主要是自己的錯，雖然有點悔憾，在自我反省後改過遷善，那受益的其實是自己。研究顯示，在發生不好的事情時，多數人都傾向於外在歸因，但長期來看，讓自己生命獲得提升的卻是做內在歸因者。

要懂得嚴以律己，寬以待人

人之過誤宜恕，而在己則不可恕；己之困辱當忍，而在人則不可忍。

別人的過失和錯誤應該多加寬恕，而自己的過失和錯誤卻不可以寬恕；自己所遭受的困難和屈辱應該盡量忍受，而別人所遭受的困難和屈辱則要設法替他消解。

今滋味

當自己和別人犯同樣過錯時，多數人會將自己的錯歸於環境、他人等外在因素，而別人則是來自生性惡劣、沒修養等內在因素，好讓自己感到愉快；但想對自己和他人有益卻是要將別人的過錯歸於外在因素，多予體諒和寬恕，而對自己則是要歸於內在因素，須加強自我約束與要求，也就是要「嚴以律己，寬以待人」。

反之，對自己所受的困辱，不管是什麼原因，盡量「忍」，正可以多磨練自己的毅力與心志；而對別人的困辱，則應該感到「不忍」，盡快去了解其原因，並想辦法協助；這其實也是「嚴以律己，寬以待人」的另一種表現。

如何責備他人與要求自己

責人者，原無過於有過之中，則情平；責己者，求有過於無過之內，則德進。

今滋味

責備別人，要像他沒有發生過失一樣原諒他，這樣才能使他心平氣和走向正途；要求自己，則要在看似沒有過失的地方找出過失，這樣才能增進自己的品德。

任何人受到責備，都會感到不愉快，甚至產生敵意；為了減少對方的負面情緒，除了避免在公開場合責備他、設身處地考慮他的各種難處外，更重要的是，要讓他知道只要他不再犯，那大家就會沒事般地忘了這件事。這樣才能安撫對方的情緒，更容易改過自新。

要刮別人鬍子前，最好先把自己的鬍子刮乾淨。自我責備當然也會不舒服，但光責備沒有用，需要同時要求自我改善才能讓自我精進；而在獲得改善後也必須懂得原諒自己，因為只有能原諒自己的人才能原諒別人。

同功共安樂何如同過共患難

當與人同過，不當與人同功，同功則相忌；可與人共患難，不可與人共安樂，安樂則相仇。

今滋味

應當有與人共同承擔過失的雅量，但不要有共享功勞的念頭，因為共享功勞就會互相猜忌；可以有與人共患難的胸襟，但不要有跟人共安樂的貪心，因為共享安樂就容易互相仇視。

范蠡在與文種輔佐越王勾踐雪恥復仇，滅掉吳國，成就霸業後，他選擇放棄高官厚祿，去過悠遊自在的生活。在要離開時提醒文種說，勾踐是個只可共患難而不能同富貴的人，勸文種跟他一樣功成身退，但戀棧權位的文種不聽。結果沒多久，文種竟被勾踐編個理由賜死，這就是「當與人同過，不當與人同功；可與人共患難，不可與人共安樂」最好的例子。

好的與人同享，壞的與人同當

完名美節，不宜獨任，分些與人，可以遠害全身；辱行汙名，不宜全推，引些歸己，可以韜光養德。

今滋味

美好的名譽和節操，不宜獨自占有，應分一些給他人，這樣才可以遠離禍害保全自己；讓人感到恥辱的行為和名聲，也不宜完全推脫，要引一些歸給自己，這樣可以斂藏自我、培養德性。

牢記蒙田的智慧之言：「對自己的譴責，別人總是相信。對自己的讚美，別人總是不信。」一個聰明人不僅不要讚美自己，亦不宜提起別人如何讚美自己；但也不必在人前譴責自己，或說別人如何譴責自己。好的，不是自己才有，別人也都有；壞的，不是別人才有，自己也都有。這才是另一種「有福同享，有難同當」。

將自己和別人對照著看

人之際遇，有齊有不齊，而能使己獨齊乎？己之情理，有順有不順，而能使人皆順乎？以此相關對治，亦是一方便法門。

今滋味

每個人的際遇不同，有稱心如意時，也有事事拂心時，怎能獨獨要求自己都稱心滿意呢？自己的情緒有好有壞，有時很平順有時很浮躁，怎能要求別人都一直心平氣和呢？如果大家都能將心比心、對照省察，那也是修養品德的一個方便辦法。

大部分的人對自己和別人的希望與要求都有著明顯的差別，我們一方面希望自己的條件和際遇都比別人好，能得到老天爺特別的眷顧；另一方面又對別人有過高的要求，自己做不到的事卻要求別人能做到。所謂「相關對治」，就是將自己和別人「對照著看」，看看自己，想想別人，推己及人，來回思辨，這樣才能讓人我關係更和諧。

對別人的際遇要感同身受

處富貴之地，要知貧賤的痛癢；當少壯之時，須念衰老的辛酸。

今滋味

生活在富貴的環境中，要了解貧賤人家的艱難；年輕力壯時，要想到年老力衰後的悲哀。

作家王朔說：「年輕有什麼了不起？每個人都年輕過，但是你老過嗎？」最好不要對自己沒有真正經歷過的生活妄加議論，因為它們跟你想像的可能很不一樣。如果想要對貧賤的痛癢和衰老的辛酸「感同身受」，發揮同理心，那麼最直接而有效的方法是去和窮人與老人生活一段相當的時間（譬如參加窮人社區和養老院的志工服務），在實際感受他們的生活和觀念後，才不會像晉惠帝說沒飯吃的窮人「何不食肉糜？」一般，產生荒謬而令人感到可悲又可恨的想法。

失意時往下比，鬆懈時往上比

事稍拂逆，便思不如我的人，則怨尤自消；心稍怠荒，便思勝似我的人，則精神自奮。

當事情稍微不如意時，要想想那些不如自己的人，這樣就不會再那麼怨天尤人；當心裡稍微懈怠時，就要想想那些勝過自己的人，那麼精神自然就能振奮起來。

今滋味

對大醫院裡「××病友俱樂部」的研究顯示，病友在交換心得時，除了「相憐」外，也會「相較」。剛開始，病人多傾向於和病情比自己嚴重的病友做比較，發現「自己雖然不幸，但卻比對方幸運多了」，而覺得好過一點。但在接受治療後，病人則較喜歡和復原情況比自己好的病友打交道，因為這樣有助於讓自己在對抗疾病時保持積極、樂觀的態度和希望。人生這個大劇場，跟醫院其實也差不多。

與其懷疑人，不如先相信

信人者，人未必盡誠，己則獨誠矣；疑人者，人未必皆詐，己則先詐矣。

信任他人的人，他人未必全都誠實，但自己卻先誠實了；懷疑他人的人，他人未必全都虛詐，但自己卻先虛詐了。

今滋味

「人無信不立」，人與人之間要彼此相信，社會才能和諧運作；如果互相懷疑、爾虞我詐，那很快就會淪為痛苦的煉獄。但現實是並非每個人都可以相信，不過若一開始就懷疑對方，那也是居心不良；所以，明知有風險，還是相信對方，正可表示自己的真心誠意，也是個值得相信的人。

清末紅頂商人胡雪巖在杭州所開的胡慶餘堂藥店，以「戒欺」為店訓。「戒欺」跟「誠信」不太一樣，「誠信」是不管對方如何待你，你都要以誠信待之；而「戒欺」則是我會相信（不欺騙）你，但如果你欺騙我，我就不再相信你，而且會討回公道。這恐怕是比較務實的做法。

察覺自己被騙受辱時

覺人之詐，不形於言；受人之侮，不動於色，此中有無窮意味，亦有無窮受用。

覺察別人的欺詐，而能不說出來；受到別人的侮辱，而能不動聲色；這裡面的意味無窮，也有無盡的好處。

今滋味

這不是要大家當個「好好先生」，而是在勸大家不要在發現自己受騙受辱時，立刻做出情緒性的反應。當察覺到自己被騙，當面指摘別人欺詐，只會激怒對方；縱有確鑿證據，也是徒增對方憤恨或埋下後患；自己如果沒有什麼損失，表面上不予理會，但告誡自己下不為例，才是上策。而在當面受人侮辱時，自己若因而激動，不僅正中對方下懷，還會讓旁人懷疑那可能是真的（否則你幹嘛這麼激動）；不當一回事，將它視為與己無關的夢幻囈語或瘋話，但提醒自己以後少跟這種人來往，才是明智之舉。

與好人壞人的交往之道

善人未能急親，不宜預揚，恐來讒譖之奸；惡人未能輕去，不宜先發，恐遭媒孽之禍。

要想結交好人，不必急著親近他，也不必事先讚揚他，以免招來嫉妒而在背後誣蔑誹謗；要想擺脫壞人，也不能草率地打發走，更不能先放言要除去他，以免遭受報復陷害等災禍。

今滋味

人有兩種：好人和壞人。朋友也有兩種：好朋友和壞朋友。每個人都希望能和好人為友，但君子之交淡如水，好人間的友誼需要慢慢培養，不必急在一時，而一旦建立，通常也較能經得起時間的考驗。小人之交甜如蜜，我們很容易和壞人成為酒肉朋友，不過發現苗頭不對，想跟他絕交也不容易，最好是慢慢疏遠、淡化，以免引起對方的不滿和報復。總之，與好人結交和與壞人絕交，都要慢慢來才好。

對小人或君子，都要合禮有風度

待小人，不難於嚴，而難於不惡；待君子，不難於恭，而難於有禮。

今滋味

對待小人嚴厲並不難，而難在不去厭惡他們；對待君子恭敬並不難，而難在遵守適當的禮節。

對品德欠佳的人，看出他們言行的不當之處，提出嚴厲的批評或規勸，多數人都可以做到；但不會因此而討厭他們，則困難許多。其實，我們應該只討厭他們所犯的過錯，至於個人，則應該多加包容，鼓勵他們能自新。

對品德高尚的人，應該謙遜地表達敬意，大家也都可以做得，但困難在能合乎禮節、恰到好處。因為太過恭敬，就容易淪為諂媚，而自己過度謙遜，也無異是在作賤自己。

總之，不管是對好人或壞人、小人或君子，都要合乎禮節，展現自己的風度。

對君子與小人，態度要健康合理

休與小人仇讎，小人自有對頭；休向君子諂媚，君子原無私惠。

不要跟小人結仇，小人自然會有人和他為敵。不要向君子諂媚，君子不會為了私情而給人特別恩惠。

今滋味

前段話說我們應寬容犯錯的小人，期待他們自新；這段話又提醒我們不要和小人結仇，因為「小人自有對頭」；但「對頭」在哪裡？大家都袖手旁觀、忍氣吞聲的結果，只會讓小人更加肆無忌憚。這並非合理的辦法，在現代社會裡，小人的對頭就是法律，對情節重大或屢勸不聽的小人行徑，特別是會危害社會安寧的，我們不能再保持沉默，而應勇於提出檢舉，讓法律去制裁他們。

至於對君子表示恭敬，如果我們不期待能從他那裡得到任何好處，或希望給對方太多美好的印象，自然就不會太過恭敬而流於諂媚。

他人善惡，有賴自己明智鑑別

聞惡不可就惡，恐為讒夫洩怒；
聞善不可即親，恐引奸人進身。

聽到他人的惡行，不可以馬上興起厭惡心，因為那恐怕是邪惡小人為了洩恨而搬弄的是非；聽到他人的善舉，也不可以立刻就去親近他，因為那恐怕是奸惡之人謀求進身的伎倆。

今滋味

做人要誠懇厚道，但也不能輕信人言。古往今來，太多因捏造事實而使忠良受到陷害、奸佞飛黃騰達的事例。孔子和孟子早就告誡我們，不可因少數人說張三好或李四壞，就加以輕信；即使所有的人都說張三好，也要自己親自去考察驗證，看他是不是真的好；縱然所有的人都說李四壞，也要自己去觀察辨識，看他是不是真的壞。這樣才不會落入別人的圈套，也是鑑別好壞的明智做法。

要能分辨真美德與假幌子

勤者敏於德義，而世人借勤以濟其貪；儉者淡於貨利，而世人假儉以飾其吝。君子持身之符，反為小人營私之具矣，惜哉！

勤奮的人以勤奮追求品德正義，但世俗的人卻假借勤奮來滿足自己的貪婪；儉樸的人淡泊於財貨利益，但世俗的人卻假借儉樸來掩飾自己的吝嗇。真是可惜啊！

今滋味

勤奮和簡樸向來都被視為美德，但卻有人「假美德之名以遂個人之私」，所以我們還要注意看似美德行為的動機與結果，就像孔子所說：「視其所以，觀其所由，察其所安。人焉廋哉？人焉廋哉？」要對一個人做出合理的判斷，除了看他所做的事外，還要考察他做這件事的動機，以及做了以後是否心安理得？為了滿足自己對財富的貪婪而勤奮工作，或把自己的吝嗇說成是簡樸，這種勤奮和簡樸不僅不是美德，而且還是十足的虛偽。

懂得退與讓，利人也利己

今滋味

人情反覆，世路崎嶇。
行不去處，須知退一步之法；
行得去處，務加讓三分之功。

人情反覆無常，世路崎嶇不平，走不過去的地方，要有退一步的打算；容易通過的地方，也要有謙讓三分的美德。

退讓是一種美德，但要退讓到什麼程度，卻也是一門學問。有人說：「女人退一步，愛沒有輸贏；男人退兩步，感情更牢固。」這不只是在表示紳士風度，更因為傳統上男人比女人有權力，權力愈大的更應該懂得退讓。

香港的商業鉅子李嘉誠則告誡家人說：「李家人與別人合作，本該拿七分利的，只拿六分。」這不只是他們較有權力或條件較好，更因為李嘉誠知道，這樣才能讓人感念，而樂意再跟你合作。

刻薄只會帶來憤怒與痛苦

受人之恩，雖深不報，怨則淺亦報之；聞人之惡，雖隱不疑，善則顯亦疑之。此刻之極，薄之尤也，宜切戒之。

今滋味

受人的恩惠雖然很深，卻不設法報答；而即使是一點點怨恨，就千方百計報復。聽到人家的壞事，即使很隱約也深信不疑；而對於人家的好事，再明顯也不相信。這種人可以說刻薄冷酷到了極點，做人應該嚴加戒絕。

刻薄之人在與人相處時冷酷無情，過分苛求。別人對自己好是應該的，有一點不好就非加倍奉還不可；認為世界上全都是自私自利的壞人，即使做了好事也都是存心不良；這種刻薄至極的人整天活在憤怒與痛苦中，不只跟別人過不去，更是跟自己過不去。但在當今社會裡，這樣的人似乎還不少。

有兩種人要小心提防

遇沉沉不語之士，且莫輸心；
見悻悻自好之人，應該防口。

遇到陰沉冷漠沉默寡言的人，千萬不要推心置腹表露真情；見到滿臉怒氣又自以為是的人，應該小心謹慎避免禍從口出。

今滋味

有些人話很少，也許是個性使然；但沉默寡言而又表情陰冷的人，則通常城府較深、對人懷有戒心、喜怒不形於色也不現於言，我們很難知道他內心真正的想法；如果在不明究底的情況下，就對他推心置腹，那不僅是熱臉貼冷屁股，自討沒趣，而且還可能曝露自己的弱點，留下後患。對這種人，最好還是保持距離。

很多人都會自以為是，但因此而經常怒容滿面地指東罵西的人，我們還是小心為妙，你若規勸他或表示你對某些人與事的看法，那你很可能就真的會禍從口出，成為他發洩怒火與謾罵的對象。

用人要寬厚，交友宜謹慎

用人不宜刻，刻則思效者去；交友不宜濫，濫則貢諛者來。

用人不可太苛刻，如果太苛刻，那麼想為你效力的人也會離去。交友不可太泛濫，如果太泛濫，那麼善於阿諛獻媚的人就會來親近你。

今滋味

一些公司或公家單位的管理者，習慣於把屬下當成沒有情緒、不會疲累的工作機器，在沒有達成工作目標時，就無情地以獎懲規章加以懲處，不留情面地減薪或解僱，這種缺乏人性的管理，必然留不住優秀人才。

朋友雖然是人生旅途中不可少的好伴侶與助力，但朋友太多，不僅要挪出太多時間與精神給朋友，而且太多則會流於浮濫，阿諛奉承者與酒肉損友就會圍繞左右，遲早帶來隱憂與禍害，讓你得不償失。

角色不同，待人方式有別

士大夫居官不可竿牘無節，要使人難見，以杜倖端；居鄉不可崖岸太高，要使人易見，以敦舊好。

讀書人做官的時候，對於求薦的書信不能無節制地延攬接待，要盡量少接見，才能防範那些投機鑽營的人。但退休閒居在家鄉後，就不能再擺高不可攀的架子，要樂於和人家見面，以便敦睦鄉鄰舊友的感情。

今滋味

這裡說的雖然是在朝為官與退休回鄉兩個不同階段，待人處事應有的不同原則，但若推而廣之，其實也是每個人在人生的不同階段、扮演不同的角色時，應該有的做人原則：在當主管或其他公角色時，要公正無私，盡量減少有讓人投機鑽營的機會；但在回到家裡或其他私角色的場合，就應該放下身段，流露真情，不要用老闆訓令員工的口吻跟妻子兒女說話。

不曲意討人喜歡與讚譽

曲意而使人喜，不若直躬而使人忌；無善而致人譽，不若無惡而致人毀。

委曲逢迎而討人歡心，不如剛正不阿而受人忌恨；沒有善行而得到他人讚譽，不如沒有惡行而遭到他人毀謗。

今滋味

大家都樂於讓人喜歡，但如果為了討人喜歡而違背了自己的本性，那自己也快樂不起來，因為我們看到的只是自己的虛偽。每個人也樂於受到讚譽，但如果自己知道受之有愧，那也不會快樂，反而會增加心理上的不安。

做人最可貴的是要忠於自己的良知、信念與價值觀，仰不愧於天，俯不怍於人。與其得到不虞之譽（不應得的讚譽），寧可遭受求全之毀（為了保全自身人格而受到無端的毀謗）。人，要活得快樂，更要活得有尊嚴。

恩惠與威嚴的明智運用

恩宜自淡而濃，先濃後淡者，人忘其惠；威宜自嚴而寬，先寬後嚴者，人怨其酷。

給人恩惠要先從淡薄逐漸濃厚，假如先濃厚後淡薄，就容易使人忘懷這種恩惠；樹立威信要先從嚴而逐漸變寬，假如先寬後嚴厲，那部屬就會怨恨你冷酷無情。

今滋味

我們可以用心理學的「得失理論」來解釋這種現象：恩惠能讓人「得」，自淡而濃，讓人感覺「愈得愈多」，印象就愈深刻，也愈感激你；反之，先濃後淡，雖然也是「得」，但卻「愈得愈少」，反而讓人失望。立威則會讓人感到壓力（失），從嚴而寬，讓人覺得愈來愈輕鬆（愈來愈有「得」的感覺），而先寬後嚴，壓力愈來愈大，讓人愈來愈有「失」的感覺，對你就會愈來愈不爽。

做個精明而又厚道的人

害人之心不可有，防人之心不可無，此戒疏於慮也；寧受人之欺，毋逆人之詐，此警傷於察也；二語並存，精明而渾厚矣。

「害人之心不可有，防人之心不可無。」這句話是用來勸誡警覺性不夠的人。「寧可受他人欺騙，也不要事先懷疑他人欺詐。」這句話是用來勸誡警覺性過高的人。與人交往，如果能同時記住這兩句話，才算得上是一個精明而又厚道的人。

今滋味

「害人之心不可有，防人之心不可無」與「寧受人之欺，毋逆人之詐」，是大家熟悉的兩句人際關係格言，但洪應明卻提醒我們，它們都有適用性與局限性。這主要是因為社會上有各色人等，好壞、賢不肖都有，很難找到「一體適用」的格言。對於好人，一再「防」他；對於壞人，卻不要「懷疑」他；這顯然就不是明智的做法。所以，我們最好能先看對方是什麼樣的人，然後再決定怎麼應對。

親近歷久彌新的人與事

交市人不如友山翁，謁朱門不如親白屋；
聽街談巷語，不如聞樵歌牧詠；
談今人失德過舉，不如述古人嘉言懿行。

結交市井之人，不如和山野老人做朋友；巴結富貴豪門，不如親近平民百姓；聽街頭巷尾的是非，不如聽樵夫牧童的歌謠；批評現代人的失德過錯，不如多講講古聖先賢的嘉言善行。

今滋味

想結交什麼人？對什麼話題感興趣？反映的是個人的品味、價值觀與修養。喜歡趨炎附勢、追逐名利與時尚、傳播八卦祕辛、道人是非、議論時政，是很多人的喜好，但它們不是在口沫橫飛中讓人心神起伏不定，就是轉眼即逝的風光，根本無法持久；反倒不如去親近經過時間的洗禮後依舊保有光采與芬芳的人和事。

跟人大略相同，又具獨特性

處世不宜與俗同，亦不宜與俗異；作事不宜令人厭，亦不宜令人喜。

為人處世不要強求與世俗相同，也不要處處與世俗不同；做事不要惹人厭惡，也無需凡事都想討人喜愛。

今滋味

現代人喜歡強調個人的獨特性，表明自己的與眾不同。但心理學的實驗顯示，當一個人太過與眾不同時，這種獨特性不僅不會讓他志得意滿，反而會因此覺得形單影隻，感到孤立，甚至沮喪。但如果發現他太過與眾相同時，那也會因面目模糊，缺乏自我特殊感而覺得不舒服。讓多數人感到比較自在、愜意的是跟大家的看法部分相同部分不同的中間派。而在他人對自己的觀感方面也類似，我們不可能事事都討人喜歡或惹人厭，重要的是要照自己的意思去做，總是會有人喜歡有人討厭，那也是他們照自己的意思所產生的觀感，無須計較。

逃避或拒絕，都只是鴕鳥

出世之道，即在涉世中，不必絕人以逃世；了心之功，即在盡心內，不必絕欲以灰心。

今滋味

超脫凡塵俗世的方法，應在凡塵俗世中磨練，根本不必離群索居與世隔絕；要想明瞭心體的功能，應在盡心行事中去領悟，根本不必斷絕一切欲望，讓心體如死灰一般寂然。

有人為了避免失望與痛苦，而遠離人群、阻絕各種誘惑，或者將欲望減至最低，甚至斷絕欲望，但這樣做不是「鴕鳥心態」就是「因噎廢食」，並非處理人際關係與欲望的健康態度。只有在凡塵俗世裡，和各種人與欲望比鄰而居，接受他們的挑戰、磨練與洗禮，才是可長可久的好方法。

輯六

謙讓無愧的處世之道

立志要高遠，處世宜謙讓

立身不高一步立，如塵裏振衣，泥中濯足，如何超達？處世不退一步處，如飛蛾投燭，羝羊觸藩，如何安樂？

立身於世，如果不能站得高一點，那就好比在灰塵中抖衣，汙泥中洗腳，如何能超凡脫俗出人頭地？為人處事，如果不能退讓一步，那就好比飛蛾撲向燭火，公羊用角去頂撞籬笆而被卡住，怎麼能感到安樂愉快呢？

今滋味

站得高一點，不只能看得遠，而且能呼吸清新的空氣，不受俗塵濁氣的汙染；但這只是比喻，不是要你遠離俗世、高高在上，而是說個人立志要高遠，才能有超俗的成就。至於在為人處世方面，則要謙讓一點，退一步海闊天空，一味魯莽衝撞，終會陷入困境、受到他人排斥而歸於失敗。

做人要真懇，涉世要圓活

作人無點真懇念頭，便成個花子，事事皆虛；
涉世無段圓活機趣，便是個木人，處處有礙。

做人如果沒有一點真誠懇切的心意，就成了一個繡花枕頭，做任何事情都華而不實；活在世界上如果沒有一點圓通靈活和隨機應變的趣味，就等於是一個木頭人，處處都會遇到阻礙。

今滋味

所謂「誠於中，形於外」，一個真心誠意的人，必然也是表裡如一、腳踏實地的人，不會用虛華浮麗的外表去惑人耳目。所謂「君子貞而不諒」，一個有為的君子固然有他信守的原則（貞），但也不會僵硬而不知變通（不諒），他能屈能伸，具有因事因時而置宜，靈活、彈性、隨機應變的能力。

行事不可輕率，顧慮不可沉重

士君子持身不可輕，輕則物能撓我，而無悠閒鎮定之趣；用意不可重，重則我為物泥，而無瀟灑活潑之機。

今滋味

君子待人接物不可心浮氣躁，一旦心浮氣躁就會受外在事物的干擾，而失去悠閒鎮定的趣味；處理事情時的思慮不可太多太沉重，太沉重就又會被外界所制約，而失去瀟灑活潑的生機。

這是不少人在面對問題時常出現的兩種情況：一是毫無定性，心浮氣躁、輕率魯莽，一看苗頭不對或稍遇阻擾，就迫不及待地想要改弦易轍，結果經常半途而廢，一事無成。一是顧慮太多、患得患失，優柔寡斷，想要找出最好的對策，變得舉棋不定，結果經常只是在原地踏步。一個太輕率，一個太沉重，都不是好辦法，如何在輕與重間做明智的掌握，才能從容而愉快地辦妥大事。

事緩則圓，人緩則安

今滋味

事有急之不白者，寬之或自明，毋躁急以速其忿；人有操之不從者，縱之或自化，毋操切以益其頑。

事情有非常緊急卻又無法說明白時，不妨先寬緩下來，也許就會自行澄清；不要太急於辯解，否則可能更快速激怒對方。有的人你愈勸，他愈是不聽，這時放他一馬，也許他就會自行明白；太急切強迫他遵從，反而會使他變得更加頑劣。

孔子說：「無欲速，無見小利，欲速則不達，見小利則大事不成。」很多事情是你愈操之過急，就愈無法達成你想要的目標。暫時擺到一邊，什麼都不做，就像老子所說：「我無為，而民自化；我好靜，而民自正。」我不刻意妄為，人們就可以自我化育；我喜歡清靜，人們就能自然回歸正道。這恐怕才是最合適的辦法。

水至清則無魚，人至察則無徒

山之高峻處無木，而谿谷迴環則草木叢生；水之湍急處無魚，而淵潭停蓄則魚鱉聚集。此高絕之行，褊急之衷，君子重有戒焉。

高聳陡峭的山峰上沒有樹木，而溪谷迴旋環繞之處則草木叢生；水流湍急的地方沒有魚蝦，而流水留駐蓄積的淵潭則魚鱉聚集。所以，對類似的高傲絕塵行為與褊隘急躁的心理，君子都應該要特別警惕。

今滋味

人的江湖跟其他生物的江湖其實大同小異。《大戴禮記》說古來帝王的冠冕上，垂掛著一串串的珠玉，正是在警惕他，對人對事不可看得太清楚、太明察；用棉絮塞住耳朵，則是在提醒他，凡事也不必聽得太精細。因為水太清澈，就沒有魚能生存；人太精明，就沒有人跟你做夥伴。不管是從自然界領悟這個道理，還是說人世間的道理可以自然現象為佐證，都是至理名言。

保持純樸敦厚、一團和氣

標節義者，必以節義受謗；榜道學者，常因道學招尤；故君子不近惡事，亦不立善名，只渾然和氣，才是居身之珍。

標榜節義的人，必然會因為節義而受人毀謗；標榜道德學問的人，也常會因道德學問而招來人們的指責。所以有德行的君子要遠離壞事，也不要去博取美名，只有保持純樸敦厚一團和氣，才是安身立命的無價之寶。

今滋味

對多數人來說，不做惡事也許較容易，但不想博取美名似乎較困難。其實，一個真正有節義的人，是不會自己在那裡標榜節義的；真正有道德學問的人，當然也不會自我標榜。喜歡自我標榜的，不是冒牌貨就是太想博取美名，他們的受人毀謗與指責，完全是咎由自取。

不要自誇美好與潔淨

有妍必有醜為之對，我不誇妍，誰能醜我？有潔必有汙為之仇，我不好潔，誰能汙我？

有美好就有醜陋和它相對，如果我不自誇美好，又有誰能醜陋我呢？有潔淨就有汙穢和它作對；如果我不偏好潔淨，又有誰能汙穢我呢？

今滋味

道家的老子認為，美醜、善惡、智愚、潔汙等不僅相對，而且還會相生相成（互相依存與轉化），你認為美的，別人卻認為醜；今天的汙，可能變成明天的潔；特別是有人為了追求美，反而會做出各種虛矯的醜事；刻意標榜潔靜，反而讓人覺得他內心的汙穢。所以，對於美醜、善惡、智愚、潔汙、貴賤等具有二元對比性的品項，不宜刻意標榜自己是站在美的、善的、智的、潔的、貴的這一邊。

享樂不與人爭先，進德不落人後

寵利毋居人前，德業毋落人後；受享毋踰分外，修為毋減分中。

對受寵得利，不要搶在他人之先；對進修德業，則不可落在他人之後；在受用享福時，不要超越自己的本分之外；在修身養性時，則不可縮減自己分內的標準。

今滋味

這段話讓人想起范仲淹所說的「先天下之憂而憂，後天下之樂而樂」。如果將生活內涵分為苦與樂兩大部分，那麼不僅個人要「吃苦在前，享樂在後」，在群體中也要「吃苦在人前，享樂在人後」，它們一直是受到肯定與頌揚的人生哲學。

對現代的一般人來說，不必拒絕他人給予自己應得的好處，但千萬不要爭先，寧可落在他人之後；而且要懂得節制，不可超越自己應得的本分，這樣才算對得起大家。而對完善自我的功課與修為，也許有點辛苦，卻絕不能落在他人之後，而且要精益求精、更上層樓，這樣才算對得起自己。

處世待人要因時因人而有別

處治世宜方，處亂世宜圓，處叔季之世，當方圓並用。待善人宜寬，待惡人宜嚴，待庸眾之人，當寬嚴互存。

今滋味

生活在政治清明的時代，為人處事應嚴正剛直；生活在黑暗紛亂的時代，為人處事應圓滑委婉；生活在衰敗將亡的末世，為人處事就應剛直與圓滑並用。對待善良的人要寬厚，對待邪惡的人要嚴厲，對待一般平民大眾就應該寬厚與嚴厲互用。

孔子說：「邦有道，危言危行；邦無道，危行言孫。」在政治清明的社會裡，說話和行事都要正直；在黑暗昏亂的時代裡，行事要正直，但說話要謹慎。這不是投機，而是「因時制宜」。待人也一樣要「因人制宜」，不能欺善怕惡，而應該寬善嚴惡；對可善可惡的一般人，則是寬厚與嚴厲互用，將他們導向善的一方。

在職場與官場的處世之道

士君子處權門要路，操履要嚴明，心氣要和易，毋少隨而近腥羶之黨，亦毋過激而犯蜂蠆之毒。

今滋味

有學識的人處於權勢之要津，節操品德要剛正清明，心地氣度要平易隨和，但不可放鬆自己的原則去接近奸邪之輩，也不要過於激烈而招來狐群狗黨的毒害。

這是在說一個人「學而優則仕」之後的為官之道，但也是現代人在商場和職場的為人處世之道：一方面對自己的要求要嚴格，不能放棄應有的操守、要堅守自己的底線；雖然要廣結善緣，但不要去親近奸邪，向他們示好。另一方面，對人要平易隨和，不宜自命清高或過於激烈，以免遭受陰險小人的陷害。如此才是明哲保身，又不同流合汙的兩全其美之道。

做官與治家各有兩句箴言

居官有二語，曰：「唯公則生明，唯廉則生威。」
居家有二語，曰：「唯恕則情平，唯儉則用足。」

做官有兩句必須遵守的箴言：「只有公正無私才能產生明確判斷，只有清白廉潔才能使人敬服。」治家也有兩句必須遵守的箴言：「只有體諒別人，大家的心情才能平和；只要節儉，家用自然充足。」

今滋味

做官與治家的各兩句箴言，其實是一體的，因為「欲治其國者，先齊其家」。有句成語說：「儉以養廉」，持家節儉的人，做了官以後才能廉潔；蘇東坡則說：「至公而行之以恕，至仁而照之以明。」最公正的人總是能體諒別人，最仁慈的人處事則十分明察。居家能心懷仁慈、體諒別人，做官就能公正無私、明察是非。

跟蘇東坡一樣慈悲

「為鼠常留飯，憐蛾不點燈」，古人此等念頭，是吾人一點生生之機。無此，便所謂土木形骸而已。

今滋味

「為了不想讓老鼠餓死，就經常留下一點剩飯；為了可憐飛蛾會撲火，夜裡就不點燈。」古人的這種慈悲心腸，就是我們人類顧念萬物生生繁衍不息的一點契機，如果沒有這點意念，那就跟泥土木頭一樣，成了沒有靈魂的軀殼。

「為（愛）鼠常留飯，憐蛾不點燈。」是蘇東坡所寫的詩，前兩句為：「鉤簾歸乳燕，穴牖出癡蠅。」為了讓乳燕歸來能落腳，所以鉤著不敢放下的窗簾；看到一再衝撞窗戶的蒼蠅，就把窗紙捅個洞讓牠飛出去。老鼠、蒼蠅、飛蛾是多數人討厭的，但蘇東坡不只憐惜牠們，還處處為牠們著想。我們雖然沒有他的才情，但在做人處事上如能具備他這種慈悲的胸懷，也算是有「幾分蘇東坡」了！

在濁世裡的藏身之道

藏巧於拙，用晦而明，寓清於濁，以屈為伸，真涉世之一壺，藏身之三窟也。

把智巧隱藏在笨拙中，收斂鋒芒而不顯聰明，生存於濁世而不自命清高，把退縮當作前進的策略，這才是立身處世最有用的法寶，明哲保身的三個巢穴。

今滋味

有人也許會認為，這段話的目的是在勸人要自我收斂、韜光養晦、不露鋒芒、不要張狂、不能自命清高、要懂得以退為進；在鼓吹每個人都要勇於表達自我的自由開放社會裡，似乎顯得太過保守，應該是比較適用於亂世或濁世的為人處世之道。當然，洪應明的這段話含有濃厚的老子哲學的色彩，而老子正是生活在亂世的哲學家，但我們也不能因此而貶抑它的價值，每個時代都有它的亂與濁，在亂與濁中先求自保，並非保守，而是要「君子藏器於身，待時而動」。

極高寓於極平，至難出於至易

禪宗曰：「飢來吃飯倦來眠。」
詩旨曰：「眼前景致口頭語。」
蓋極高寓於極平，至難出於至易。有意者反遠，無心者自近也。

今滋味

禪宗有句話說：「餓了就吃飯，睏了就睡覺。」寫詩的祕訣說：「多寫眼前景致，多用一般人聽得懂的話。」因為極高深的道理來自極平常的生活，最高難的詩句來自最簡單的話語。刻意去追求高深的人反而愈求愈遠，無心追求者卻愈來愈接近。

馬祖道一禪師說：「平常心是道。」平常心就是清淨心，我們要想求道、悟道與得道，不只要恢復清淨心，更要從吃飯、睡覺、喝茶、掃地、走路、談天、工作等再平凡不過的日常活動中去領略、實踐。吃飯的時候專心吃飯，睡覺的時候專心睡覺，不做他想，就是最簡單、最高深、但也是最難以持續做到的道理。而作詩的境界跟求道其實也非常類似。

天堂空氣好，地獄朋友多

地之穢者多生物，水之清者常無魚。故君子當存含垢納汙之量，不可持好潔獨行之操。

今滋味

骯髒汙穢的土地往往滋生很多生物；而極為清澈的水中反而沒有魚蝦生存。所以有德的君子應該有容汙納垢的度量，不可以自命清高、孤芳自賞。

馬克吐溫說：「天堂空氣好，地獄朋友多。」天堂如果太乾淨，那其實也就是個無趣的地方，反不如地獄裡的喧鬧有趣。有些人看似汙垢愚惡，但只有包容他們，進而親近與理解他們，在成為知交的朋友後，才會曉得他們的汙垢愚惡其實跟我們的潔淨智善一樣，都是先天與後天條件造成的，唯有以「哀矜之心」接納他們，才能改變他們，同時也改變自己。

涉世再深，也勿失純真本性

涉世淺，點染亦淺；歷事深，機械亦深。故君子與其練達，不若樸魯；與其曲謹，不若疏狂。

一個社會閱歷不多的人，受到社會習性沾染的程度也較淺；一個飽經世事的人，機巧城府的程度也會隨著加深。所以君子與其處事圓滑練達，不如保持樸實的個性；與其小心謹慎、委曲求全，不如豁達疏狂、不失本性。

今滋味

每個人在剛踏入社會時，都有著類似的本性與心思，但隨著接觸的人與事不同，個人調適能力的差異，就會出現兩種不同的型態：有的人變得練達圓滑，但其實城府很深、精於算計；有的人則變得拘謹保守，但其實是不想惹麻煩，只求自保。這兩種型態雖然差異很大，卻都失去了純真的本性；太練達的人如果能樸實一點，太拘謹的人如果能瀟灑一點，整個社會也許就能讓人感覺較為真誠與美好。

如何透露心事、展現才華？

君子之心事，天青日白，不可使人不知；君子之才華，玉韞珠藏，不可使人易知。

君子的心思，像青天白日一般明朗，沒有什麼不可讓人知道的地方；君子的才華，如美玉珍珠一般潛藏，不可以讓人輕易看到。

今滋味

我的看法跟洪應明剛好相反。雖然說做人應光明磊落，但「心事無有不可對人言者」，只是一個虛假的理想，大部分的西方智者都坦承「沒有人敢於說出他心中所有的想法」；所以，不要再夸夸其詞，盡說些令人尷尬的假話、大話和空話。至於表現自己的才華，現代心理學的研究顯示，在正常情況下，一個人應展現他當時所具備的最好能力，才能讓人印象深刻，先馳得點；只露個一兩手，卻期待別人能耐心地慢慢了解自己其實有十分本事，通常會錯失良機，逼人轉頭去另覓高手。

需要偽裝欺敵、深藏不露嗎？

鷹立如睡，虎行似病，正是牠攫人噬人手段處。故君子要聰明不露，才華不逞，才有肩鴻任鉅的力量。

今滋味

雄鷹站立的樣子好像睡著了，老虎行走時慵懶如生了大病，但這卻是牠們獵食噬人的高明手段。所以君子要做到不顯露聰明、不炫耀才華，這樣才能有挑起重責大任的力量。

這段話也是不太妥當。君子應該深藏不露，似乎言之成理，但除非你是世襲貴族或富二代，否則不顯露聰明、不展現才華，看起來平庸無奇，誰會給你肩挑重責大任的職位？至於學會偽裝，欺騙對手，似乎也不是什麼值得採行的好方法，「鷹立如睡，虎行似病」，讓人想起三國時代的司馬懿，但司馬懿是有德的君子應該效法的好榜樣嗎？

對善惡的另一種觀察與思考

為惡而畏人知，惡中猶有善路；為善而急人知，善處即是惡根。

今滋味

一個人做了壞事而怕人知道，那表示他的惡性中還保留向善之心；一個人做了善事而急於讓人知道，那表示他在做善事時已種下了惡根。

孟子說：「羞惡之心人皆有之。」人做了壞事會感到羞恥而怕人知道，可以說是正常反應，但並不見得每個人都能真心懺悔，改惡向善。多數人更可能因為怕人知道而加以掩飾，且因掩飾得好而無人知曉，竟習以為常，罪惡愈積愈重，也愈來愈不覺羞恥，而終至變成一個偽君子。

為了沽名釣譽而做善事，唯恐人家不知道而到處張揚；或沒有達到預期效果就不再做善事的人，則是另一種偽君子。不過比起掩飾自己罪惡的偽君子，他們是較情有可原的。

是要隱惡揚善，還是揭惡隱善？

惡忌陰，善忌陽，故惡之顯者禍淺，而隱者禍深；善之顯者功小，而隱者功大。

壞事最忌諱的是暗中掩蓋，好事最忌諱是的公開宣揚。所以壞事如果能及早被發現，災禍就較小；如果不容易被發現，那災禍就會大。好事被公開宣揚，功德就較小；只有默默行善的，功德才會大。

今滋味

前文談自己掩飾罪惡與宣揚善行的弊病，古人又勸我們對別人要「隱惡揚善」，但如果有人已百般掩飾其罪過，而我們又替他隱瞞，那他的罪過何時才會曝光？禍害不是更大嗎？所以，現代人實在不必再替人隱惡，看不過去就應加以揭發，讓法律去制裁他。而公開表揚別人的善，多少是有益世道人心的，但如果不被表揚或無人知道，依然能繼續行善，那的確是更大的善行。

真小人與偽君子的名利之辨

好利者，逸出於道義之外，其害顯而淺；好名者，竄入於道義之中，其害隱而深。

今滋味

貪求財利的人，所作所為逾越道義之外，所造成的傷害雖然明顯卻不深遠；而貪圖名聲的人，所作所為卻常以道義為幌子，所造成的傷害雖然不明顯卻很深遠。

公然不顧仁義道德、明目張膽地去追求財利的，是「真小人」；對社會的危害明顯，其實也巨大而深遠，說「淺」恐怕只是為了作文的對仗工整。而以仁義道德為幌子、裝模作樣去博得名聲的，則是「偽君子」；對社會的危害雖然隱而不顯，但也是巨大而深遠。「真小人」可怕而又可恨，而「偽君子」則讓人覺得可恥，可嘆的是：世人雖然討厭「真小人」，卻喜歡「偽君子」。

冷眼觀英雄，冷情看是非

權貴龍驤，英雄虎戰，以冷眼視之，如蟻聚羶，如蠅競血；是非蜂起，得失蝟興，以冷情當之，如冶化金，如湯消雪。

今滋味

權貴人士像龍一樣飛騰，英雄豪傑如猛虎般爭戰，用冷靜的眼光來看，只不過是像螞蟻聚集在羶肉旁爭食，蒼蠅競相吸血；人間的是非像群蜂湧起，得失如刺蝟毛般密集，用冷靜的心情來面對，就像熔爐熔鍊金屬，熱水消溶冰雪一樣化為烏有。

作者的比喻似乎顯得太過冷眼與冷情，我更喜歡《三國演義》的卷頭詩：「滾滾長江東逝水，浪花淘盡英雄。是非成敗轉頭空。青山依舊在，幾度夕陽紅。白髮漁樵江渚上，慣看秋月春風。一壺濁酒喜相逢。古今多少事，都付笑談中。」如果能用高曠的眼光、豁達的心胸來看人世間的英雄豪傑和是非成敗，那也都不過是過眼雲煙，這樣也許會比較健康、也比較輕鬆。

萬鍾如瓦缶，一髮似車輪

心曠，則萬鍾如瓦缶；心隘，則一髮似車輪。

心胸寬闊，則萬鍾的財富就如同舊瓦破罐般沒什麼價值；心胸狹隘，則毫髮般的小事也會被看成如車輪般重大。

今滋味

心胸的狹隘與寬闊並非天生，除了內在修為外，還跟個人閱歷有關，小時候覺得嚴重得不得了的事，長大以後可能會一笑置之；年輕時候覺得一百萬很多，現在卻覺得只是聊勝於無；看法的改變主要來自個人閱歷的增加，見多識廣了，觀於滄海者難為水，自然能把很多東西和事情看小看淡。

但有些看法，特別是對各種事物重要性的排比，譬如金錢重要還是愛情重要？金錢、愛情、親情、健康、自由等在自己心中各有多少比重，這就牽涉到價值觀的問題，它需要的不只是心胸寬闊，還有個人對自己生命意義的定位。

無過便是功，無怨便是德

處世不必邀功，無過便是功；與人不求感德，無怨便是德。

為人處事不必刻意去爭取功勞，只要沒有過錯就算是功勞；幫助他人不必希求對方感恩圖報，只要對方不怨恨自己就算是功德。

今滋味

「無過便是功，無怨便是德。」看似有點消極，而且標準似乎也訂得太低了，但卻是在強調要以「不必邀功」和「不求感德」的心態去待人處世。標準雖然訂得有點低，但正可減少自己的失望，更不會因此而對他人或單位主管產生不滿，平白生出很多事端。

而且，因為自己無所求，不僅不會招來忌恨，別人看在眼裡，可能還會對你心生感念，反而能帶來額外的驚喜。

機心巧智不值得依靠

魚網之設，鴻則罹其中；螳螂之貪，雀又乘其後。機裏藏機，變外生變，智巧何足恃哉！

張網是為了捕魚，不料鴻雁竟落在網中；貪婪的螳螂一心想捕捉蟬，從後潛至的黃雀卻乘機吃掉螳螂。可見天地之間，機巧中還藏有機巧，變化之外又生變化，人的機心巧智又怎麼值得依靠呢？

今滋味

有人耍心機，用巧詐的方式牟取個人利益，但這通常只能得逞於一時；多數人在發現他的詭計後，不是不再跟他來往，就是更費心機，用更巧詐的方式來對付他，結果陷入惡性循環。在探討出賣與信任何者較有利的「囚徒困境」實驗裡，專家發現，在兩百次的交鋒中，以一報還一報的信任與合作策略對雙方最有利。所以，真的是「智巧何足恃哉」。

在選擇中彰顯自己的價值觀

市私恩，不如扶公議；結新知，不如敦舊好；立榮名，不如種隱德；尚奇節，不如謹庸行。

提供私人恩惠，不如扶持公眾輿論；結交新的朋友，不如敦睦舊的知己；樹立榮譽的美名，不如播種隱秘的功德；崇尚奇特的節操，不如謹慎平常的行為。

今滋味

人生經常要面對很多選擇，在或此或彼的選擇中，一個人的選擇通常代表了他的價值觀。洪應明說私恩不如公議、新知不如舊好、榮名不如隱德、奇節不如庸行，這是他在比較四種不同的情況後所做出的選擇。「不如」，不是說前者不好，而是在衡量之後所反映出來的一種價值觀，雖然看起來有點保守，但卻是較為穩健而讓人感到心安的態度。

在群疑與獨見、公論與私情間

毋因群疑而阻獨見，毋任己意而廢人言，毋私小惠而傷大體，毋借公論以快私情。

不要因為大家的懷疑就放棄個人的獨特見解，也不要任憑個人的好惡而將別人的說法當作垃圾。不要因個人的私利與小惠而傷害整體利益，更不可以借助公眾的輿論，來滿足自己的願望與情緒。

今滋味

當露絲．韓德樂這位年輕的媽媽從女兒芭芭拉的家家酒遊戲中得到靈感，而向馬特爾公司提出生產少女玩偶的構想時，遭到所有業務人員的質疑與反對，如果不是露絲的堅持，還有她丈夫就是公司老闆，這個史上最成功的玩具產業（芭比娃娃）可能就會胎死腹中。「毋因群疑而阻獨見」跟「毋任己意而廢人言」其實是一體的兩面，不要「因小傷大」、「因私妨公」也是同樣的道理。

伏久者飛必高，開先者謝獨早

伏久者飛必高，開先者謝獨早，知此，可以免蹭蹬之憂，可以消躁急之念。

今滋味

長久隱伏的鳥一旦飛起來，必定能飛得高；開得愈早的花，往往也會獨自凋謝得早。明白了這個道理，就可以免去懷才不遇的憂愁，也可以消除浮躁冒進、急於求成的念頭。

《韓非子．喻老》：「三年不翅，將以長羽翼；不飛不鳴，將以觀民則。雖無飛，飛必沖天；雖無鳴，鳴必驚人。」要想一飛沖天、一鳴驚人，就必須有沉潛多年的自我磨練，耐得住不為人知的寂寞。早開的花看似拔得頭籌，但也只風光一時，不只會提早凋謝，而且很可能在還未盛開時就被人摘走。

大器晚成，其實也不錯。就像一罈老酒，經過歲月的醞釀、醇熟，才能成為愈陳愈香的好酒。

自得自在，不自以為高明

競逐聽人，而不嫌盡醉：恬淡適己，而不誇獨醒。此釋氏所謂「不為法纏，不為空纏，身心兩自在」者。

今滋味

聽任他人去追名逐利，但也不會對他人的醉心名利而感到不齒；過著恬靜淡泊讓自己感到安適的生活，但也不必誇耀什麼眾人皆醉我獨醒。這就是佛家所說的「不被世俗道理所纏繞，也不被寂靜空相所羈絆，身心都感到自在」。

選擇過著自己喜歡的恬靜淡泊生活，也許不是很難；更難的是不要因此而認為自己的選擇才是正確、高尚的，不只拔高自己，還瞧不起其他人。別人要過什麼樣的生活，也是來自他們的選擇，所謂「個人因果個人揹」，除了應該給與尊重外，如果能忘了他們，忘了拿自己來和別人做比較，那身心就會更加自在。

自在，就是別人不在。

讓一步為高，寬一分是福

處世讓一步為高，退步即進步的張本；待人寬一分是福，利人實利己的根基。

今滋味

為人處事要讓人一步才算高明，因為今天退一步即是日後進一步的契機；待人接物要以寬人一分才是福氣，因為給人家方便其實是日後留給自己方便的基礎。

前半段讓人想起布袋和尚的〈插秧詩〉：「手把青秧插滿田，低頭便見水中天。心地清淨方為道，退步原來是向前。」謙卑地低下頭，反而能看到高上的天空；寬容地退讓一步，卻讓人能往前走得更遠。

後半段讓人想起《發菩提心經論》所說：「自利利他，自度度人」——幫助別人其實就是在幫助自己，度化眾生無異就是在度化自己。這兩點可以說是待人處世時的「悲智雙運」。

凡事留個餘地，回味無窮

事事留個有餘不盡的意思，便造物不能忌我，鬼神不能損我。若業必求滿，功必求盈者，不生內變，必召外憂。

今滋味

做事如能留有餘地沒有窮盡的意思，即便是造物主也不能妒忌我，鬼神也不能傷害我。如若事業必定要求圓滿，功勞必須苛求十足，那不發生內部變亂，也必然招來外面憂患。

《戰國策》：「日中則移，月滿則虧，物盛則衰，天之常數也。」太陽在中午達到最高點，接著就開始向下向西移動；月亮在十五夜達到圓滿後，也開始逐漸虧缺；這是自然的律則，但人會觀察會反省，為了避免「亢龍有悔」，我們不僅不要凡事務必追求盈滿，更應留有餘地，就好像喝茶，在倒了七八分滿時就要適可而止，這樣才能順利地端到嘴邊，自在而仔細品嘗，讓人回味無窮。

原則要堅持，鋒芒不可露

淡泊之士，必為濃豔者所疑；檢飾之人，多為放肆者所忌。君子處此，固不可少變其操履，亦不可露其鋒芒。

今滋味

淡泊名利的人，必然會受到熱衷名利者的猜疑；儉樸謹慎的人，也常會遭受生活放縱者的忌恨。面對這種情況，君子固然不應對自己的操守稍有改變，但也不能太露鋒芒。

不要因為你潔身自好、與世無爭，就以為所有的人都會認為你無害而喜歡你。不管你怎麼做，總是會有人喜歡你，也有人討厭你（嫉妒或懷疑你），我們固然不必因為想要討人喜歡或害怕讓人討厭而扭曲自己，違背自己做人處事的原則，但也不要自我標榜、故露鋒芒，公然表示對與自己不同者的不齒，這樣才可減少讓人討厭的機率。

在過與不及間求得一個剛好

清能有容，仁能善斷；明不傷察，直不過矯。是謂蜜餞不甜，海味不鹹，才是懿德。

今滋味

清廉而有容人的雅量，仁慈而善於做出決斷，精明而又不失於苛求，剛直而又不矯枉過正。這種道理就像糖浸的蜜餞卻不會很甜，鹽醃的海味卻不會很鹹，方是為人處事的美德。

清廉、仁慈、精明、剛直都是良好的品格與行為，但再怎麼好，過了頭就好像太甜的蜜餞、太鹹的海味，讓人受不了。但洪應明所標榜的「蜜餞不甜、海味不鹹」其實也有點不及，如何在過與不及間求得一個「剛好」，就像儒家的中庸之道，但它並非兩個極端中間的一個定點，而是不偏頗、合乎人情與常理的中道。

不希求富貴，不與人競爭

我不希榮，何憂乎利祿之香餌？
我不競進，何畏乎世官之危機？

如果我不希求榮華富貴，又何必擔心他人用功名利祿作餌來引誘我呢？如果我不和人競爭高低，又何必害怕官場中所潛伏的危機呢？

今滋味

為什麼捕鼠籠總是能捕捉到老鼠？因為老鼠只看到籠內誘人的乳酪，而不覺得打開的籠子有什麼危險，結果一進籠子就被捕了，原本香噴噴的乳酪嘗起來也變得味同嚼蠟。人跟老鼠也許不太一樣，在面對功名利祿的香餌時，不是不知道裡面可能潛藏著危機，但卻自信可以避開，結果因為低估了自己對榮華富貴的希求，還有想要在競爭中壓倒別人的渴望，而不能自拔，在愈陷愈深後，反而認為功名利祿「誤我一生」。其實，無須排斥功名利祿，重點是不要太熱中，看淡一點，而最好的方法就是將心力用在其他更有趣的事情上。

近之而不染，知之而不用

勢利紛華，不近者為潔，近之而不染者為尤潔；智械機巧，不知者為高，知之而不用者為尤高。

今滋味

權勢和財富使人眼花，不去接近的人是乾淨的，接近而不受其汙染的人就更加乾淨；權謀和機巧相當誘人，不知道的人是高尚的，知道了卻不屑使用的人就更加高尚。

不接近權勢和財富，就自以為「乾淨」；不知道權謀機巧，就自以為「高尚」；這樣的「乾淨」和「高尚」，其實都是可疑、虛假的，與將頭埋在沙裡的鴕鳥無異。沒有接受過誘惑，而且無法通過誘惑考驗的人，絕不能說自己是「清白」的。也因此，我是比較贊同洪應明後半段的說法，但不是「更加乾淨」和「更加高尚」，而是那才算是真正的「乾淨」與「高尚」。

不標新立異，不絕俗求清

能脫俗便是奇，作意尚奇者，不為奇而為異；不合汙便是清，絕俗求清者，不為清而為激。

能夠脫離世俗就是奇特，刻意去追求奇特的人，不是奇特而是怪異；能不同流合汙就是清白，斷絕一切世俗去追求清白的人，不是清白而是偏激。

今滋味

多數人都想與眾不同，能有別於凡俗的大眾。但脫俗的「脫」，重點是超脫、超越，也就是你能提出超越其他人的觀點或做法，這才能稱為「奇」。如果不在這方面求超越，而只是在穿著、髮型、說髒話這些簡單的領域標新立異，那只是在「搞怪」。清白，其實也很簡單，不和其他人一起做壞事就是清白，但有些人對這個卻沒興趣，反而是要和世俗劃清界線，什麼都要跟人唱反調，這種人看似偏激，其實內心空虛得很。

才能很關鍵，品德更重要

德者才之主，才者德之奴。有才無德，如家無主而奴用事矣，幾何不魍魎而猖狂？

品德是才能的主人，才能是品德的奴僕。有才能卻沒有品德，就好比一個家庭中沒有主人而奴僕在管事，這個家庭怎能不被妖魔鬼怪橫行為害呢？

今滋味

德才兼備當然是最理想的，有才而無德的人如果見利忘義、假公濟私，那比無才而有德者的危害更大。問題是我們較容易看出或測得一個人是否有才，至於是否有德，卻很難馬上做出鑑別，只有長時間的觀察和考驗才能知道。再加上現代社會的競爭性，很多單位都標榜「唯才是用」，個人的品德愈來愈不受重視，如果讓有才而無德的人坐上高位，那後果就很難逆料。如果不想埋下禍根，對品德的觀察和考驗即使再困難，也是必需的。

兼備儒家雄心與道家氣度

居軒冕之中，不可無山林的氣味；處林泉之下，須要懷廊廟的經綸。

身居政職的人，不能沒有山林隱士的淡泊之氣；而住在田園的人，必須要胸懷治理國家的雄心。

今滋味

在朝為官就要有儒家經世濟民的雄心，退居田野則要有道家淡泊灑脫的氣度，這是過去很多讀書人的理想。洪應明更進一步指出，不管是在朝或在野，都要兼具儒家的雄心與道家的氣度，只是在朝時，要以實現儒家經世濟民的雄心為主，但也要有道家淡泊灑脫的氣度（成功不必在我）；而在野時，雖然平日以道家淡泊灑脫的氣度過生活，但也不忘儒家經世濟民的雄心。像這樣進可攻，退可守，也不失為一種理想的處世模式。

萬事隨緣，也隨遇而安

釋氏隨緣，吾儒素位，四字是渡海的浮囊。蓋世路茫茫，一念求全則萬緒紛起，隨遇而安則無入不得矣。

今滋味

佛家主張凡事都要隨著機緣自然發展，儒家主張凡事都要按照自己的本分去做。「隨緣素位」這四個字就好像讓我們安渡人生大海的救生筏，因為世路茫茫，如果什麼事都要求盡善盡美，必然會引起很多憂愁煩惱；如果凡事隨遇而安即可，那麼就處處都能悠然自得。

佛家認為世間一切都因緣而生、因緣而滅，主張萬事隨緣，不可勉強；儒家認為凡事都要盡自己的本分，不羨慕貪求身外之物。佛家的「隨緣」與儒家的「素位」其實是互通的，都希望大家不必強求圓滿，能隨遇而安，才是在茫茫世路裡的安身立命之道。

別人要怎麼說我，隨他去！

飽諳世味，一任覆雨翻雲，總慵開眼；會盡人情，隨教呼牛喚馬，只是點頭。

一個人在飽嘗世路風霜滋味後，就能聽任世態翻雲覆雨，總懶得睜眼去看；徹底領會人情冷暖後，也可以隨便他人呼牛喚馬的毀譽，自己只是點點頭，不再動氣。

今滋味

「偶開天眼覷紅塵，可憐身是眼中人。」這是王國維一首詞裡的名句，因為自己是「眼中人」，才自覺「可憐」；更瀟灑的處世之道是「懶得開眼」，不想再看，人我兩忘。「呼牛喚馬」語出《莊子》，是老子對某人說的一段話，大意是你叫我牛我就稱作牛，叫我馬就稱作馬；如果我有像他所說的那樣，卻不願接受，就會遭受第二次的災禍；如果沒有，我又何必在意？即使被罵是豬，又何損於我的高潔？我只顧做我自己，別人要怎麼看、怎麼說，隨他去！

每天都要有快樂的時候
菜根譚教我們的處世SOP

看世界的方法 209

作者　王溢嘉

裝幀設計　兒日
內頁排版　華漢電腦排版有限公司
責任編輯　魏于婷

董事長　林明燕
副董事長　林良珀
藝術總監　黃寶萍
執行顧問　謝恩仁

社長　許悔之
總編輯　林煜幃
副總編輯　施彥如
美術主編　吳佳璘
主編　魏于婷
行政助理　陳芃妤

策略顧問　黃惠美・郭旭原・郭思敏・郭孟君
顧問　張佳雯・施昇輝・林子敬・謝恩仁・林志隆
法律顧問　國際通商法律事務所／邵瓊慧律師

出版　有鹿文化事業有限公司
地址　台北市大安區信義路三段106號10樓之4
電話　02-2700-8388
傳真　02-2700-8178
網址　http://www.uniqueroute.com
電子信箱　service@uniqueroute.com

製版印刷　沐春行銷創意有限公司

總經銷　紅螞蟻圖書有限公司
地址　台北市內湖區舊宗路二段121巷19號
電話　02-2795-3656
傳真　02-2795-4100
網址　http://www.e-redant.com

ISBN：978-626-95726-2-5
初版一刷：2022年4月

定價：400元

國家圖書館出版品預行編目（CIP）資料

每天都要有快樂的時候：菜根譚教我們的處世 SOP
王溢嘉著 . ── 初版 . ── 臺北市：有鹿文化事業
有限公司，2022.04
面；公分 . 一（看世界的方法；209）
ISBN 978-626-95726-2-5（平裝）
1. CST: 修身

192.1　　111002156